考古中国

重大项目成果（2022）

国家文物局　主编

文物出版社

图书在版编目（CIP）数据

考古中国重大项目成果．2022 ／ 国家文物局主编．
—— 北京：文物出版社，2023.6
ISBN 978-7-5010-8056-4

Ⅰ．①考… Ⅱ．①国… Ⅲ．①考古发现－中国－
2022 Ⅳ．① K87

中国国家版本馆 CIP 数据核字 (2023) 第 086130 号

考古中国重大项目成果（2022）

主　　编：国家文物局

责任编辑：孙　丹
书籍设计：特木热
责任印制：张　丽

出版发行：文物出版社
社　　址：北京市东城区东直门内北小街 2 号楼
邮　　编：100007
网　　址：http://www.wenwu.com
经　　销：新华书店
印　　刷：河北鹏润印刷有限公司
开　　本：787mm×1092mm　1/16
印　　张：11.25
版　　次：2023 年 6 月第 1 版
印　　次：2023 年 6 月第 1 次印刷
书　　号：ISBN 978-7-5010-8056-4
定　　价：180.00 元

ARCHAEOLOGY
CHINA

ACHIEVEMENTS OF MAJOR PROJECTS
（2022）

NATIONAL CULTURAL HERITAGE ADMINISTRATION

Cultural Relics Press

序 言

2022年党的二十大胜利召开，擘画了全面建成社会主义现代化强国、以中国式现代化全面推进中华民族伟大复兴的宏伟蓝图，为新时代新征程党和国家事业发展指明了前进方向。党的二十大报告从国家发展、民族复兴的高度，提出"加大文物和文化遗产保护力度，加强城乡建设中历史文化保护传承"和"推进文化自信自强，铸就社会主义文化新辉煌"的宏伟目标，这是新时代文物考古工作者的重大责任和光荣使命。

2022年是中国考古第二个百年征程的新起点。习近平总书记主持了第三十九次中央政治局集体学习，就深化中华文明历史研究作出了重要论述。党的二十大闭幕后不久，他调研安阳并在殷墟发表重要讲话，充分肯定殷墟考古研究成就，强调"要通过文物发掘、研究保护工作，更好地传承优秀传统文化"。全国文物工作会议确立"保护第一、加强管理、挖掘价值、有效利用、让文物活起来"的新时代文物工作方针，为推动中国考古高质量发展指明了前进的方向。

2022年中国考古事业的各项工作可圈可点、亮点纷呈。"考古中国"18个重大项目统筹推进，254个主动性考古发掘项目系统实施，旧石器考古与人类起源、农业起源、文明起源与发展、城市与边疆考古等重点领域取得突破性进展。国家文物局召开5次"考古中国"重大项目重要进展工作会，集中发布了旧石器时代考古、西藏考古、史前文明化进程与夏商文化研究、殷墟考古和甲骨文研究等17项考古成果，及时推介新发现，深入解读新成果。这些成果内涵丰富，跨越了漫长时空，将中华文明的历史轴线不断延伸：学堂梁子遗址发现"郧县人"3号头骨，提供了东亚直立人起源与发展的新材料；西藏考古揭示了青藏高原史前时期复杂的人群互动与文化交流；殷墟遗址的聚落考古研究取得新突破，还原了更为真实鲜活的商代文明；昆明河泊所遗址出土大量封泥和简牍，其中"益州太守章"等官印封泥和有关行政、司法的文书是汉代中央政府在云南行使治权的体现，实证中华文明多元一体格局；河南开封州桥与汴河遗址是唐宋至明清时期开封城市历史沿革的一个缩影；温州朔门古港遗址揭露出完整的码头遗迹，再现了宋元时期海上丝绸之路港口欣欣向荣的生动画面。考古工作者们用手铲揭开尘封的历史，生动书写着中华文明从涓涓溪流到江河汇流的发展历程，实证了我国"百万年的人类史、一万年的文化史、五千多年的文明史"。

国家文物局将坚决贯彻落实习近平总书记的重要论述精神，坚持新时代文物工作方针，与广大文物考古工作者一起持续探索未知、揭示本源，携手同行、共谱新篇，奋勇前进、开拓新局，以中国式现代化奋力推进建设中国特色、中国风格、中国气派的考古学，为实现中华民族伟大复兴作出新的更大贡献。

考古中国
重大项目成果
（2022）

目 录

其他研究项目

西藏考古研究项目

2020 年，国家文物局审批通过了《西藏考古工作规划（2021~2035 年）》，同意将西藏考古工作纳入到"考古中国"重大研究项目中。从 2021 年开始，西藏文物部门组织多家文物考古机构，按照"考古中国"项目要求和"西藏考古工作规划"重大课题和重点项目计划，每年开展田野考古工作 7~10 项。

"西藏考古工作规划"课题以"建立旧石器时代晚期到吐蕃时期的考古学文化框架和绝对年代体系，运用考古材料来证实元代以来中央政府对西藏的有效治理"为总体目标，以"构建西藏考古学文化体系、丰富早期中华文明研究内容，探索西藏历史时期考古学特性、构建起以考古材料为主线的西藏古代史"为重点任务来开展。最近两个年度"考古中国"西藏项目的工作安排，主要围绕着"西藏高原早期人类的起源与迁徙""西藏新石器时代考古学区系类型""西藏早期金属时代考古学文化框架与早期复杂社会的起源研究""吐蕃遗存考古调查与研究" 4项重大课题进行。

日土县夏达错遗址、噶尔县切热遗址、班戈县各听遗址、革吉县梅龙达普项目的田野工作，为西藏高原早期人类的起源与迁徙、石器技术传播等方面的研究获取了重要的第一手资料。其中，夏达错、切热两处遗址，为研究距今 10000 ～ 7000 年间全新世早期狩猎采集者开拓青藏高原的历史，提供了坚实的考古学证据，同时填补了西藏考古距今 10000 ～ 5000 年间新石器时代早期阶段考古学文化发展序列的空白。

康马县玛不错、察雅县比果哇两处遗址，极大地丰富了西藏新石器时代考古学区系类型的内容。比果哇的文化面貌基本与卡若文化一致。而玛不错遗址，是迄今所知西藏中部距今5000 年至 4000 年前重要的新石器时代晚期遗址。遗址反映的考古学文化面貌、作物经济、陶器风格、装饰品、人群基因等，充分展示了这一阶段青藏高原人群与中国华北、南亚等区域之间的密切联系，为探讨中华文明共同体的形成研究，提供了可信的佐证。

札达县格布赛鲁墓地第一期文化、革吉县梅龙达普遗址等的考古发掘，填补了距今 4000至 3000 年间考古学文化时空框架的空白，为我们展示了基本同一时间、同一区域内不同考古学文化面貌的"多元格局"状况。

格布赛鲁墓地第二期文化、札达县桑达隆果墓地、乃东区结桑墓地的发掘，为研究西藏早期金属时代考古学文化框架与早期复杂社会的起源增加了更多可信的实物资料。这些材料反映了大致同期但不同区域内各自发展起来的考古学文化的发展轨迹，为我们探讨西藏早期金属时代"邦国""小邦"社会的复杂化进程，提供了重要的物质资料。

曲水县温江多遗址发掘是"吐蕃遗存考古调查与研究"重大课题之下的重点项目，这项工作开创了吐蕃核心区域内高规格宫殿和寺院建筑遗址科学考古工作的先河，为推动西藏的吐蕃考古学研究起到了良好的领头作用，也为曾经强盛一时的吐蕃地方政权与唐王朝之间历史关系的综合研究，提供了非常重要的考古学视角和佐证。

■ 撰稿：李林辉

西藏阿里噶尔县
切热遗址

发掘单位：西藏自治区文物保护研究所、中国科学院古脊椎动物与古人类研究所

一、工作缘起

青藏高原被誉为世界屋脊，高寒缺氧、动植物资源匮乏等自然因素对人类在高原的生活构成极大挑战。进驻这一通常被视为生命禁区的高原，是人类演化、体质与行为能力发展的一个里程碑。因此，早期人类进驻及定居高原的时间节点、历史过程和迁徙路线一直备受关注。青藏高原长期处于隆升状态，第四纪堆积剥蚀严重，缺乏有地层埋藏和可靠年代数据的旧石器时代考古遗址，因此，早期人类活动过程虽然备受关注但却众说纷纭、莫衷一是。

近年来考古工作不断取得突破，为探讨古人类登上高原的时间节点这一问题提供了全新的认识。夏河人在 16 万年前就到达高原东北缘，距今 4 万~3 万年尼阿底人群则已经深入海拔 4600 米的高原腹地。但是零星的更新世遗址难以勾勒人类大规模在高原活动的历史。

从目前青藏高原发现的史前文化遗存看，细石叶技术产品数量丰富、分布广泛，是古人类大规模占领高原的重要证据。但令人遗憾的是，除青海数个地点有绝对测年外，大多数地点均缺乏地层和年代依据。特别是在西藏自治区，细石器

都采自地表，且多与陶片伴生，通常被认为属于新石器时代。其绝对年代、文化内涵和时期属性等问题都有待解决。

为解决前述问题，2012 年开始，西藏自治区文物保护研究所和中国科学院古脊椎动物与古人类研究所共同组成西藏旧石器联合考古队，持续在自治区内系统开展旧石器遗址考古调查与发掘工作。2013 年，联合考古队在藏西阿里地区噶尔县发现了一处地表散布大量打制石器且存在较多疑似火塘与灰堆的史前旷野遗址——切热遗址，该遗址位于阿里地区行署所在地狮泉河镇西南、狮泉河（藏语森格藏布）支流朋曲南岸的山前冲积扇上，海拔约 4300 米。2019 年联合考古队对切热遗址地表可见的个别火塘进行了解剖和试掘，确认地表可见的文化遗物出自遗址地层堆积，具有明确的层位关系。经国家文物局批准，联合考古队于 2020 年 8~9 月对切热遗址进行了正式的考古发掘。

二、主要收获

为了最大程度地了解遗址全貌，本次发掘在遗址核心区不同部位布设了四个探方（T4~T7），发掘面积共 68 平方米。其中 T5 与 T6 的地层堆

T5 磁化率平面扫描采样

T5 北壁地层剖面

积连续，出土了大量动物骨骼、石制品等各类遗物并发现多处遗迹；T4 与 T7 的石制品仅在地表有分布，未在地层中发现遗物或遗迹。

发掘工作中严格遵循旧石器田野考古发掘规范并结合旧石器遗址的特点，以自然层为基础、在每个自然层内按照 5~10 厘米的水平层逐层进行清理，出土堆积全部过筛以避免细小文化遗物的遗漏。过筛后的堆积物装袋收集以备后续研究之用。探方内的各个层位均同步采集了炭样和光释光年代学样品以及孢粉、磁化率等古环境学样本，以对遗址进行年代学序列的构建和高分辨率的古环境重建。

T5 发掘面积为 30 平方米，地层堆积明确，根据堆积特征及其包含物，可以划分为 6 个自然层。该探方出土文化遗物 5000 余件，以打制石器为主，有少量动物骨骼和烧石，还发现灰坑、疑似火塘等遗迹。T6 发掘面积与 T5 相当，共 31 平方米，但

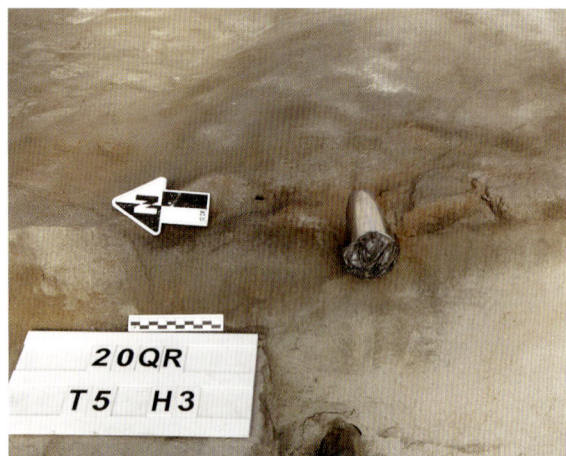

T5 用火遗迹

T6 火塘

T5 出土楔形细石核

T5 出土锥形细石核

T5 出土船形细石核

T5 出土盘状刮削器

T5 出土石片

T5 底部石制品密集分布区

地层较薄，包含 3 个自然层，出土遗物 500 余件，以石制品为主，伴有少量动物骨骼，地层中散布有大片灰烬并有火塘等遗迹。

　　T5 出土的石器组合包括细石核、石核、细石叶、石片、工具、磨石等。其中工具多以石片为毛坯加工而成，类型有边刃刮削器、端刃刮削器、盘状刮削器、凹缺器等，均为精致加工产品。石料多为质地细腻且均一的燧石、玛瑙和黑曜岩等优质原料，以及少量变质石英岩、变质泥岩等。细石核类型和数量丰富，细石叶技术发达，除青藏高原常见的锥形细石核外，还出土了楔形细石核和船形细石核。切热遗址发现的船形石核以石片或断块为毛坯，台面与底缘均不修理，石核两侧收窄，在其中一端连续剥制细石叶。石核矮小、细石叶疤细小，形制与华北地区发现的船形石核非常相似。这是在高原首次发现的船形石核，也是目前船形石核发现地的最西端。T5 底部为石制品密集分布区，仅在该层出土的文化遗物就超过 2000 件，根据出土物的产状、类型和数量综合判断，该处应为古人制作石器并被原地埋藏的遗迹。

T6 出土的石制品主要为石核、石片、工具和零星的细石叶产品。石制品原料主要是质地较为粗糙的火成岩和石英岩，偶见燧石和黑曜石。石制品主要类型为尺寸较大的普通石片，石核和工具数量较少，工具多为简单修理的边刮器。T6 的上层（第 1 层和第 2 层）出土有少量与 T5 相似的、以优质石料为原料的细石叶产品，没有发现细石核。第 3 层则几乎全部为石片技术产品，遗物分布密集。

根据石制品技术特征和地貌位置判断，切热遗址的年代应处于全新世早期，系统的绝对年代测定工作正在进行中。T5 出土遗物的文化面貌为石片工业与细石叶工业的组合，优质原料制作的细石叶技术产品占有很大比重；而 T6 文化遗物的主要技术特征为石片工业，原料粗糙、加工简单。T5 与 T6 的出土物存在显著差异，应该是两个不同时期内古人类遗留的文化产品。

三、初步认识

从时空框架看，切热遗址是我国青藏高原西部首批系统发掘的史前旷野遗址，将藏西人类活动历史向前推进至旧石器时代。目前青藏高原腹地史前遗址尼阿底（距今 40000~30000 年）和卡若（距今 5900~5500 年）之间存在着很长时段的空白，切热遗址的发现在西藏史前文化序列

T6 出土石片石核

T6 出土石片

T6 出土石锤

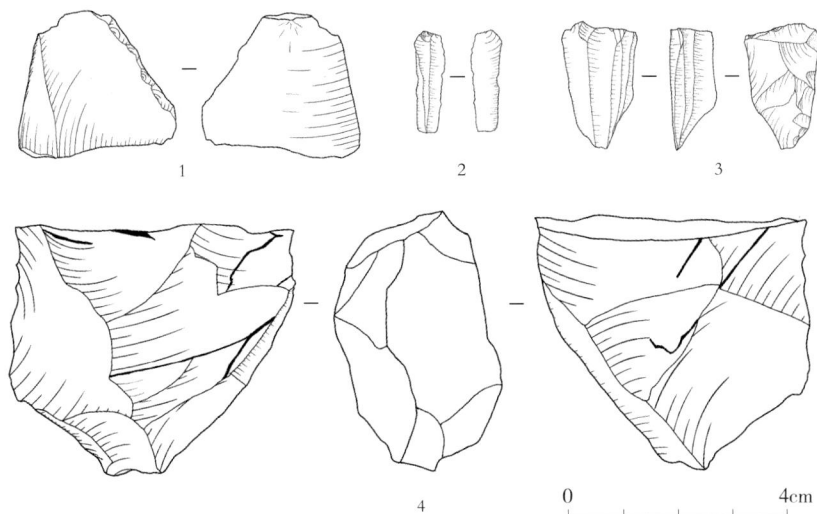

切热遗址出土石制品
1. 石片　2. 细石叶　3. 楔形细石核　4. 石片石核

的建立上填补了关键性的一环。

从文化内涵看，切热遗址具有连续的地层、明确的年代，出土了类型丰富、特征鲜明、地层关系清晰的细石器遗存，可以此为基础初步建立西藏自治区全新世早期打制石器文化的标尺，将高原上大量采集的细石器遗存纳入一个相对可靠的年代框架中。切热遗址的简单石核 - 石片工业与细石器工业可为两种史前石器技术模式在青藏高原腹地的出现提供明确的年代，对于理解两种石器工业模式的分布、扩散与技术内涵具有重要的意义。

从技术源流看，切热遗址出土的丰富的细石器技术产品为我们从石器技术和考古学文化的角度，探讨全新世早期高原腹地古代人群的来源及迁徙路线问题提供了宝贵的材料。该技术是切热遗址非常重要的文化特征。切热遗址细石叶技术发达，出土的细石核类型多样，除青藏高原常见的锥形细石核外，还出土了楔形细石核和船形细石核。不同类型的细石核最

能反映细石器技术、代表文化特征。不同的细石叶技术是打制者头脑中不同的抽象概念和规划的具体表现，代表了不同人群的技术传承。因此，切热遗址丰富、典型且完整的细石叶技术组合为探讨该技术人群的来源提供了重要线索。

从适应方式看，切热遗址作为高原腹地罕见的原地埋藏的旧石器时代遗址，文化遗存多样、保存信息全面，通过多学科协作研究，我们能够解读出宝贵的人类活动历史的细节。细石器是打制石器制作技术的巅峰，具有高效、便携、易维护等特点，是高流动性、高适应性的狩猎采集人群适应严酷环境的最佳技术装备，能够指示人群的流动性和组织形式。遗址出土的大量动物碎骨和用火遗存将为解析和探索史前人群在高原腹地的生计模式提供重要线索。另外，结合古环境研究有助于我们深入了解较长时段尺度内环境变化与石器技术革新对古人类适应高原过程的影响、驱动以及文化响应机制。

总之，切热遗址是青藏高原腹地少见的、具有明确地层堆积的史前早期人类活动遗址。该遗址与近年来在狮泉河流域发现的其他旧石器地点，为研究该区域史前人群的来源、扩散、文化交流以及古环境对史前人群迁徙生存的影响等问题提供了更丰富的证据，具有重要的历史价值。切热遗址的石器组合变化显示此地至少经历了两次被古人类占领的过程，它有助于我们深入了解环境变化与石器技术革新对古人类适应高原过程的影响、驱动以及文化响应方式。

■ 撰稿：张晓凌、谭韵瑶、王社江、何伟、靳英帅

ABSTRACT

The Qiere site, located in Gar County, Ngari Prefecture, is a prehistoric site in situ with an uncommonly clear stratigraphy in the Tibetan Plateau hinterlands. The site is dated to the early Holocene, and forms a key link in the Tibetan prehistoric archaeological sequence. About 5000 specimens and 500 pieces were excavated from two trenches, which were characterized by microblade technology and core-flake technology separately. The flake-tool and flaking-microblading industries found at the site provide clear dates for the emergence of the two groups of hunter-gathers equipped with these technologies in the Tibetan Plateau hinterlands, which is important for understanding human migration and technology circulation.

西藏康马县
玛不错遗址

发掘单位：西藏自治区文物保护研究所、中国科学院青藏高原研究所、北京大学、
兰州大学、国家文物局考古研究中心

一、工作缘起

玛不错遗址位于西藏自治区康马县嘎拉乡政府驻地东北8千米处的玛不错东南湖岸阶地上，海拔4410米左右。该遗址是近几年西藏腹地新发现的一处重要的新石器时代晚期遗址。2019年夏，由中国科学院青藏高原研究所和西藏自治区文物保护研究所等组成的第二次青藏高原综合科学考察研究人类活动历史及其影响科考分队，在年楚河河源区开展调查时首次发现该遗址。2020～2022年的三个年度内，西藏自治区文物保护研究所作为考古发掘承担单位，与中国科学院青藏高原研究所、北京大学、兰州大学、国家

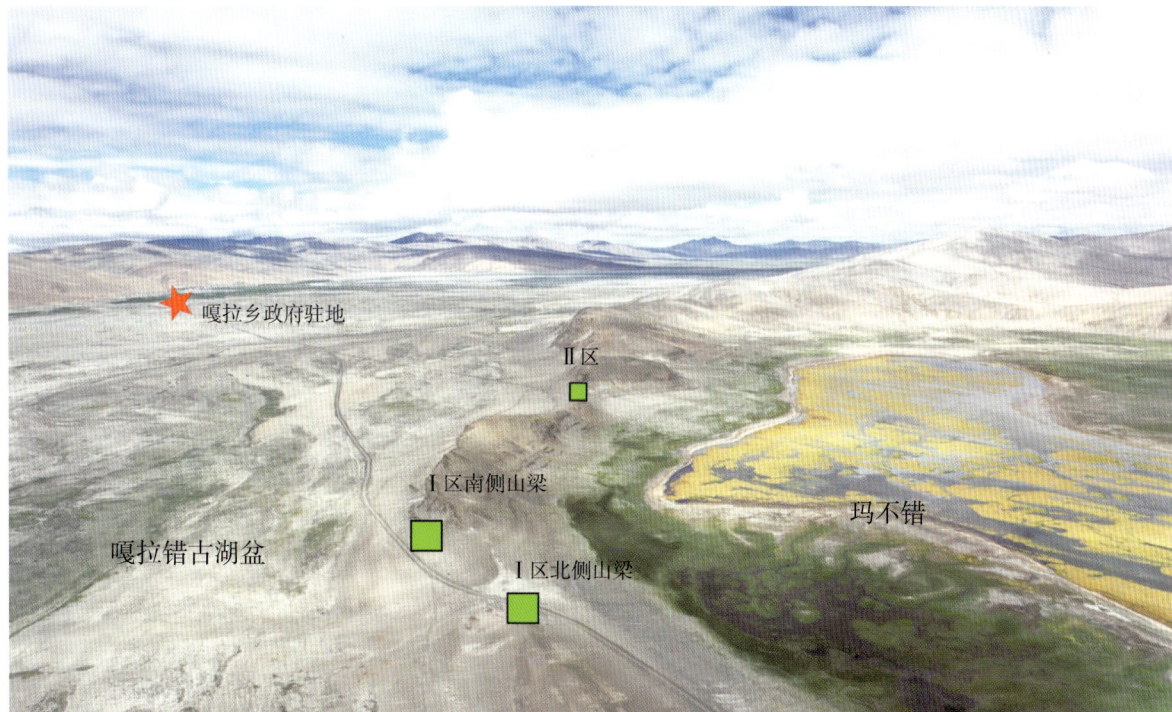

玛不错遗址发掘分区示意图（东—西）

文物局考古研究中心组成联合考古工作队，对玛不错遗址开展了考古发掘工作。

二、主要收获

经过三个年度的考古发掘和环湖调查，玛不错遗址发掘区可分为Ⅰ区、Ⅱ区和Ⅲ区。Ⅰ区位于湖的东南岸，以玛不错湖岸坡地一处垭口为界分为南北两个部分。北部地层的文化层堆积较厚，厚度可达1.5米，包含大量的木炭、动物骨骼、陶片、石器和骨角器。2020~2022年的三个年度中，Ⅰ区发掘面积500平方米。三个年度共清理29座墓葬、3个石构遗迹、7座灰坑、3个火塘、8个柱洞和3个活动面遗迹等。Ⅱ区位于湖的西南岸，仅于2020年度进行了清理，发现2个火塘遗迹。Ⅲ区位于湖的西北岸，须在2023年度开展发掘来确定其性质。

发掘获取了陶、石、骨、木、玉器和贝饰等各类遗物1180余件，采集了纺织物、木炭、作物种子、植硅体、土壤微形态、沉积物古DNA土样、光释光等测年与检测分析样品1000余份。

（一）地层堆积

三个年度遗址的发掘区域以Ⅰ区为主，以2020年发掘的Ⅰ区北部南端探方TN06E03东壁地层堆积为例，遗址地层情况如下：

①层：表土层，粉砂土，夹杂大量石块和植物根系，根据土色可分为a、b两层。该层除部分地表有采集物外基本无遗物。

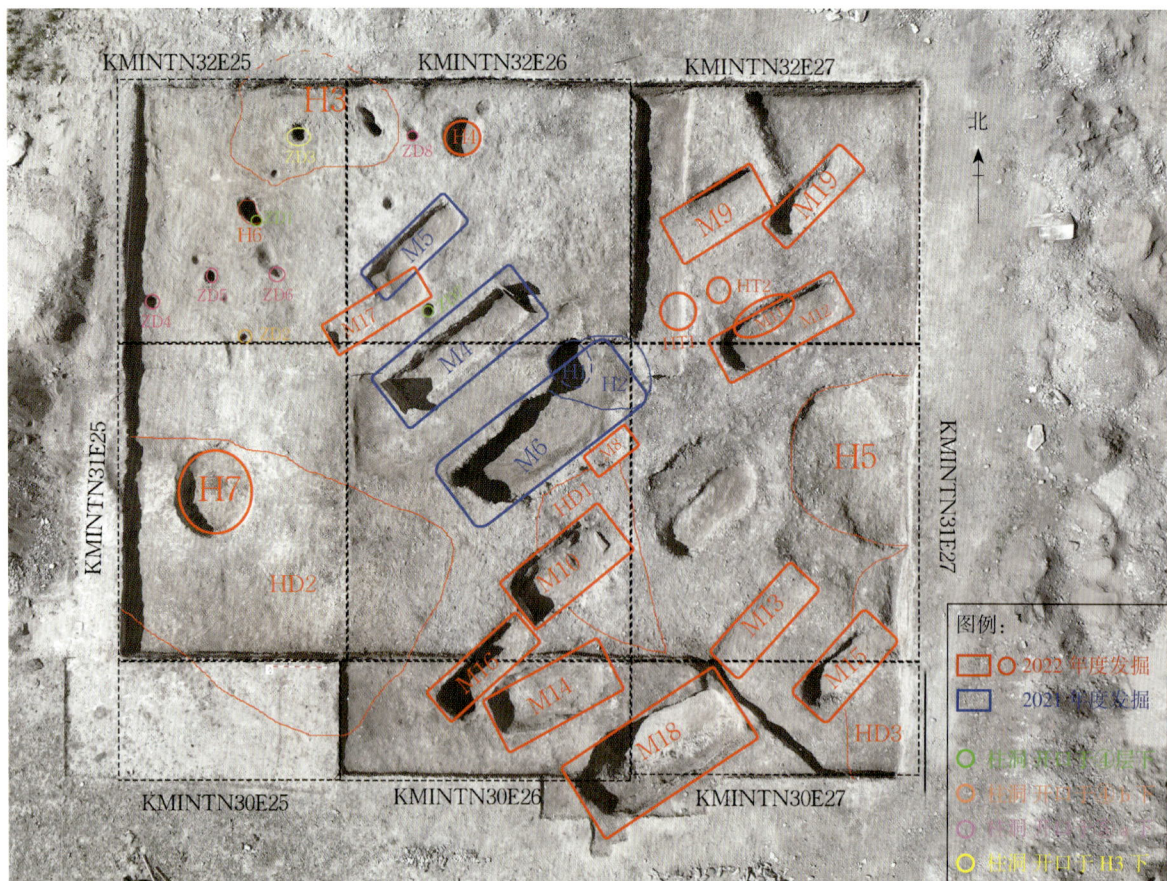

Ⅰ区北部各类遗迹

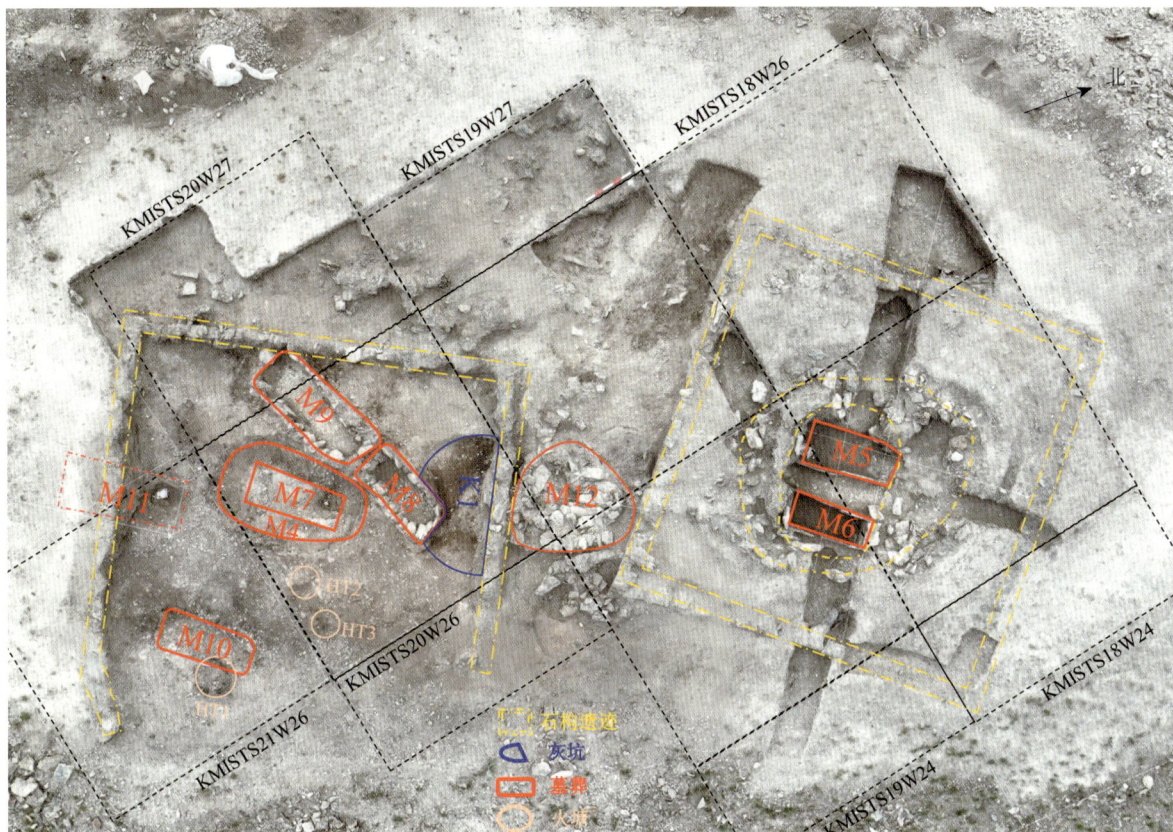

Ⅰ区南部各类遗迹

②~④层：主要文化层，基本由粉砂土与黏土组成，土色以浅黄色和褐色为主。根据包含物和土质，②层可细分为a、b两层，③层可细分为a、b、c三层。地层中主要有动物骨头、炭屑、陶片、骨器、石器等遗物。

⑤~⑥层：湖滨相堆积，黄色砂土层，土质纯净，未见任何遗物。

Ⅰ区北部南端东侧湖滨阶地低处清理的地层堆积呈斜坡状，西北高、东南低，应为聚落边缘的废弃堆积；Ⅰ区北部阶地中部探沟地层堆积可分为表土层、文化层和湖滨相堆积层三大层，文化层中少见遗迹现象，仅ⅠNTG3东北侧清理出小区域的人类活动踩踏面，踩踏面发现动物骨骼（兔、鸟、鱼骨等）、炭屑、穿孔骨扁珠等遗物。

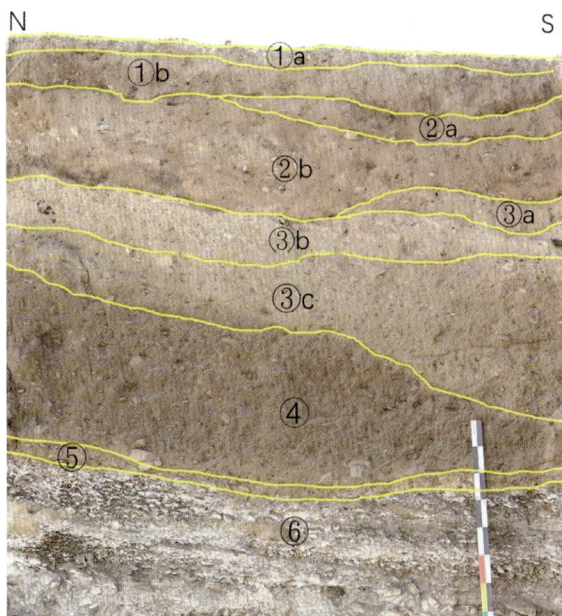

2020KMⅠTN06E03 东壁地层

Ⅰ区北部湖滨阶地的北端为墓葬及石构遗迹区域。由于剥蚀严重，墓葬埋藏较浅，部分石棺侧板露出地面，风化严重，清理较薄的一层表土层后，即为墓葬上层填土。

（二）墓葬形制与结构

墓葬类型有石棺墓、竖穴土坑墓、石室墓三种。这里的石棺墓指的是用石板拼砌成墓室的墓葬，石室墓指的是墓室四边用石块垒砌的墓葬。

根据墓葬和堆积地层出土物的测年数据，结合遗迹、遗物特征，暂将玛不错遗址分为三期。第一期文化距今 4500～4200 年，这一期的遗存主要是石棺墓，还有少量土坑墓。第二期文化距今 4200～4000 年，以土坑墓为主，石棺墓仍在延续；开始出现木质葬具；流行于第一期石棺墓的俯身直肢葬俗有所延续，在这期石棺墓与土坑墓葬内均有发现。第三期距今 4000～3500 年，墓葬类型更加更丰富，石棺墓、土坑墓并存，石室墓估计也是这一时期开始出现；墓室顶部出现类似坟茔的石围遗迹以及封堆构筑物。由于目前测年数据不全面，且尚未进行系统的分期研究，上述三期划分只是初步的判断。

1. 石棺墓

墓葬均为大块页岩砌筑边框，平面大致为不规则圆角长方形，多数墓向朝西南。按棺室数量可分为单室石棺墓和多室石棺墓两种类型。单室石棺墓为 A 型，数量最多；多室石棺墓为 B 型，仅 1 座；A 型石棺墓按照有无葬具可分为无葬具Ⅰ式和有木质葬具Ⅱ式。

2021KMⅠSM2 二次葬

2020KMⅠNM2 俯身抬头直肢葬

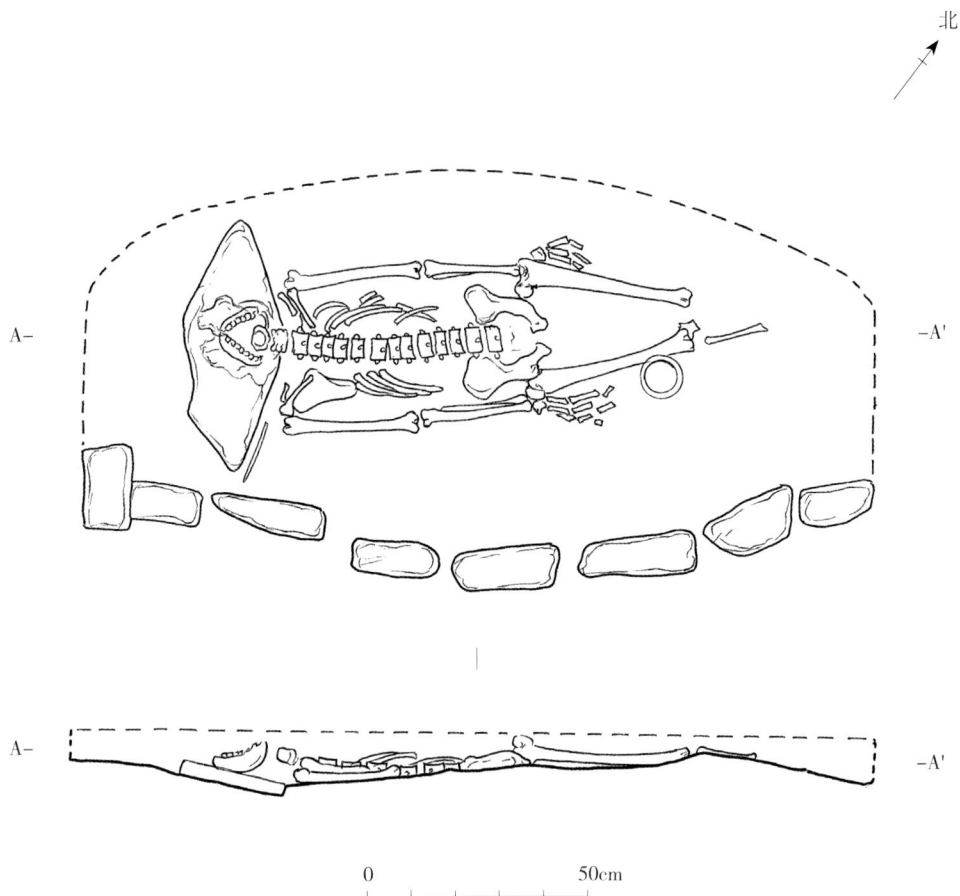

北

2020KMⅠSM1 平、剖面图

0   50cm

2.竖穴土坑墓

数量上仅次于石棺墓，平面大致为圆角长方形，墓向朝西南，墓葬内有木质葬具的比例略少，多数没有葬具。

3.石室墓

发现数量少，但墓室四边垒砌非常规整。因为目前尚未出测年结果，所以还不确定其年代。

（三）石墙、灰坑等遗迹

除墓葬之外，石墙、石构建筑、灰坑、踩踏面等遗迹发现较少，且基本埋藏较浅，地表露出部分。Ⅱ区两个火塘遗迹依据测年结果，属于玛不错遗址第三期文化。Ⅰ区石墙、石构遗迹，埋藏较浅，与文化层关系不明确，年代未能确定；但从ⅠNH1打破ⅠNH2，ⅠNH2③、④层叠压打破ⅠNM6墓坑上层来看，ⅠNH2年代晚于ⅠNM6，ⅠNH1年代晚于ⅠNH2。

（四）遗物

遗址出土有石、陶、骨、贝等不同材质遗物，以文化层中清理出的遗物为主。石质遗物包括水晶石、燧石、碧玉岩等石材石器，以水晶石片石器为主。陶器完整器少，基本为陶片，从陶片分析可见，陶器有碗、罐、钵等器形，以平底、微圈足为主，极少圜底器；陶器装饰纹样丰富，包括刻划纹、戳印纹、附加堆纹、波浪纹、三角形

磨制石器

0   2cm

打制石器

0   2cm

石镞

0   2cm

水晶石器

0   2cm

0　　2cm

陶片

0　　2cm

陶碗（2021KM Ⅰ SM1：7）

纹等，器物口沿内外、颈部、肩部、腹部均可见装饰纹样。骨器主要有骨簪、穿孔骨针、鱼卡、骨珠和刻纹骨管几类。

（五）葬式葬俗

葬式主要有俯身直肢葬、二次捡骨葬、疑似的"乱葬"、侧身屈肢葬、仰身抱胸直肢葬等类型。从有头骨的墓葬来看，葬式还有俯身抬头直肢葬，头向西南，与墓向一致，个别有火葬习俗。少量墓葬有木质葬具棺痕，但因为保存状况差，尚不确定是否为标准的木棺。墓葬内随葬器物少，仅个别墓葬发现有陶碗、陶罐、穿孔蚌饰、玉管。

三、初步认识

从目前对遗址的初步研究结果来看，玛不错遗址作为雅鲁藏布江中游西藏腹心地区一处新发现的新石器时代晚期遗址，它的发掘和研究对于西藏史前考古文化具有重要意义。

从目前发掘情况看，该遗址性质基本可定为墓地与人群生活场所共存的遗址。出土物实证了史前人群在距今 4500 年前已定居于西藏高原腹心区域，为西藏中部（藏南谷地）的史前文化寻找到了距今 4500 年的"历史源头"。遗存特征显示，来自青藏高原东部的人群对西藏史前文明的形成发展做出过突出贡献，为中国各民族交往、交流、交融与中华文明多元一体格局的形成提供了可信的佐证。

该遗址的陶器不同于卡若文化的平底陶器、曲贡文化的圜底和圈足陶器，加之其他文化因素，判断它是一个新的新石器时代文化类型，可称为"玛不错文化"。陶器以平底器为主，圈足、圜底器少；罐、盆、钵为主要器形；陶色以灰褐、

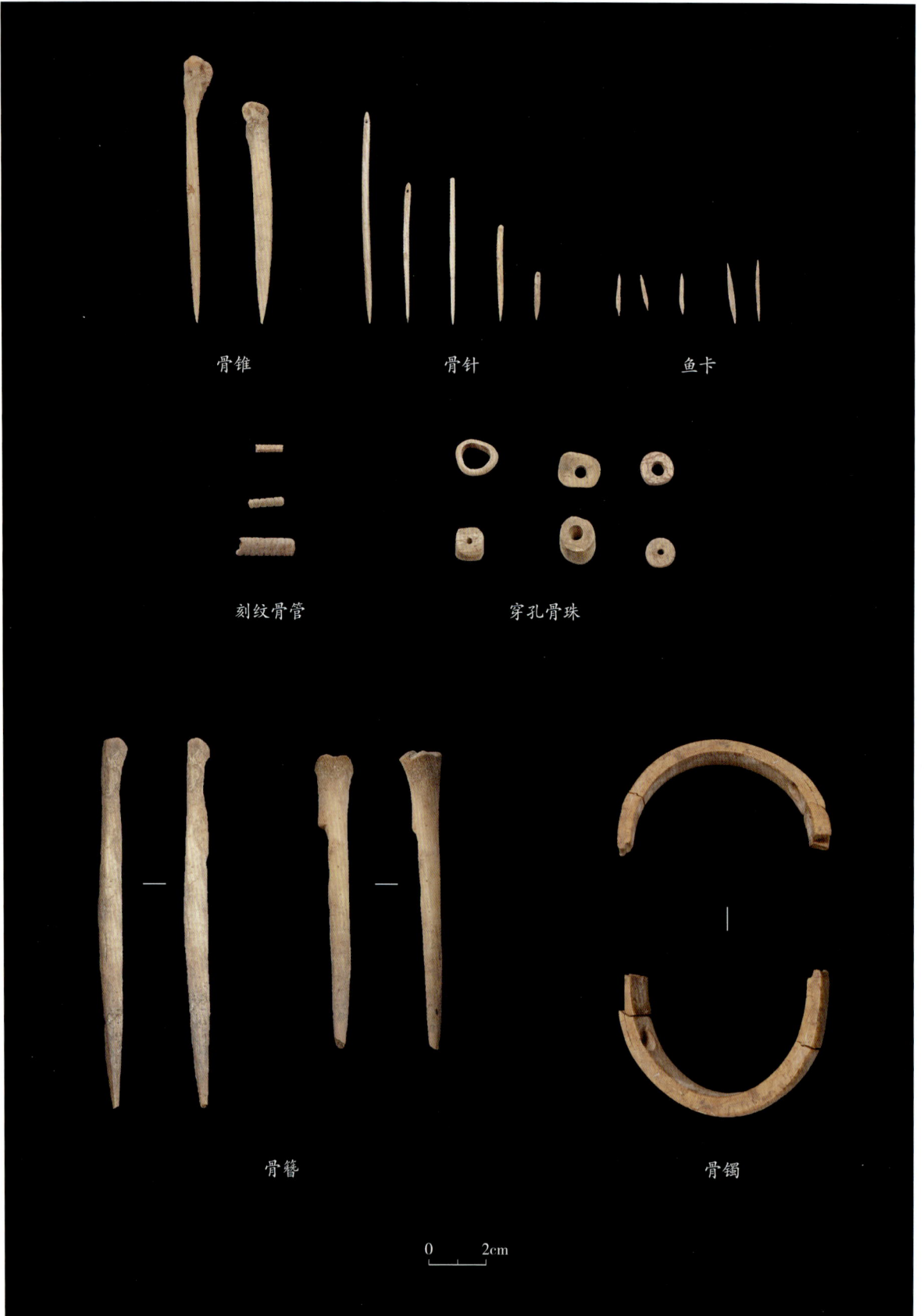

骨锥　　　　　　骨针　　　　　　鱼卡

刻纹骨管　　　　　穿孔骨珠

骨簪　　　　　　　　　骨镯

0　　2cm

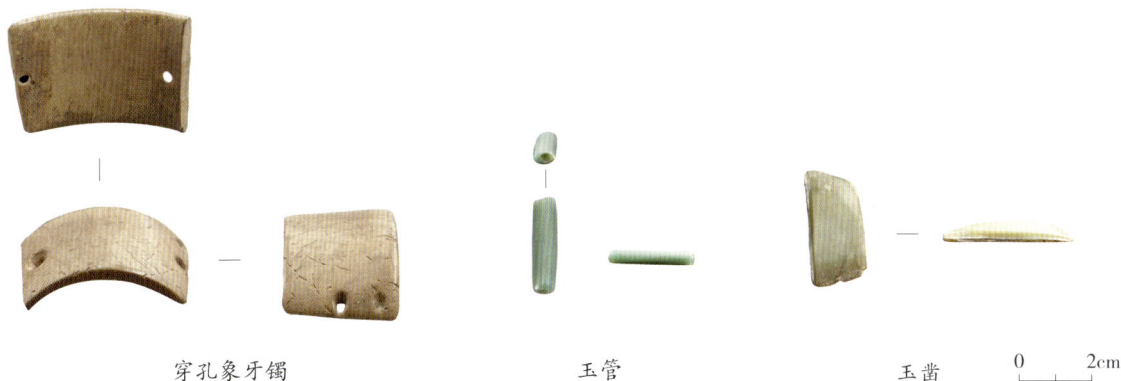

穿孔象牙镯　　　　　　玉管　　　　　　玉凿

灰黑为主；有丰富的刻划、压印、附加堆纹、戳印等纹饰；以水晶石叶为主的石器；石棺墓采用的俯身直肢抬头葬、多室石棺墓类型等文化特征表明，玛不错遗址是西藏高原一支新的独特的湖滨渔猎－狩猎考古学文化类型。

玛不错人群充分利用湖泊资源的生业方式是一种新的生业类型，为研究西藏史前经济的多样性，构建西藏史前社会历史提供了更多素材。

■ 撰稿：夏格旺堆、童艳

ABSTRACT

The Mapotso Site is an important late-Neolithic site recently discovered in central Tibet Autonomous Region, which extended the dating of prehistoric sites in the central Tibetan region to over 4,000 years. While the pottery of the Kharub culture in eastern Tibet had flat bases, and the pottery of the Chugong culture in central Tibet had rounded bases, round feet, and high feet, the Mapotso pottery were characterized by flat bases, rounded bases and round feet. The prehistoric peoples of the Mapotso were lakeside hunter-gatherers, but had consumed crops from distant lands. This provided a model of a diversified livelihood economy and survival strategy that is very different from that of valley and prairie ecosystems.

西藏札达县
格布赛鲁墓地

发掘单位：西藏自治区文物保护研究所、陕西省考古研究院、西北大学文化遗产学院

格布赛鲁遗址是西藏阿里象泉河中游流域一处集地面建筑、洞窟和墓地于一体的综合性遗址，格布赛鲁墓地是该遗址的重要组成部分。格布赛鲁意为"黄色土崖"。该墓地位于札达县托林镇北11千米的桑达沟内，地处象泉河中游流域右岸一级支流桑达山谷，主要分布于南北长2000米、东西宽300余米的桑达山谷中部的东西台地。以一处东西向山嘴为界，格布赛鲁遗址可分为南、

格布赛鲁墓地北区远景（西北—东南）

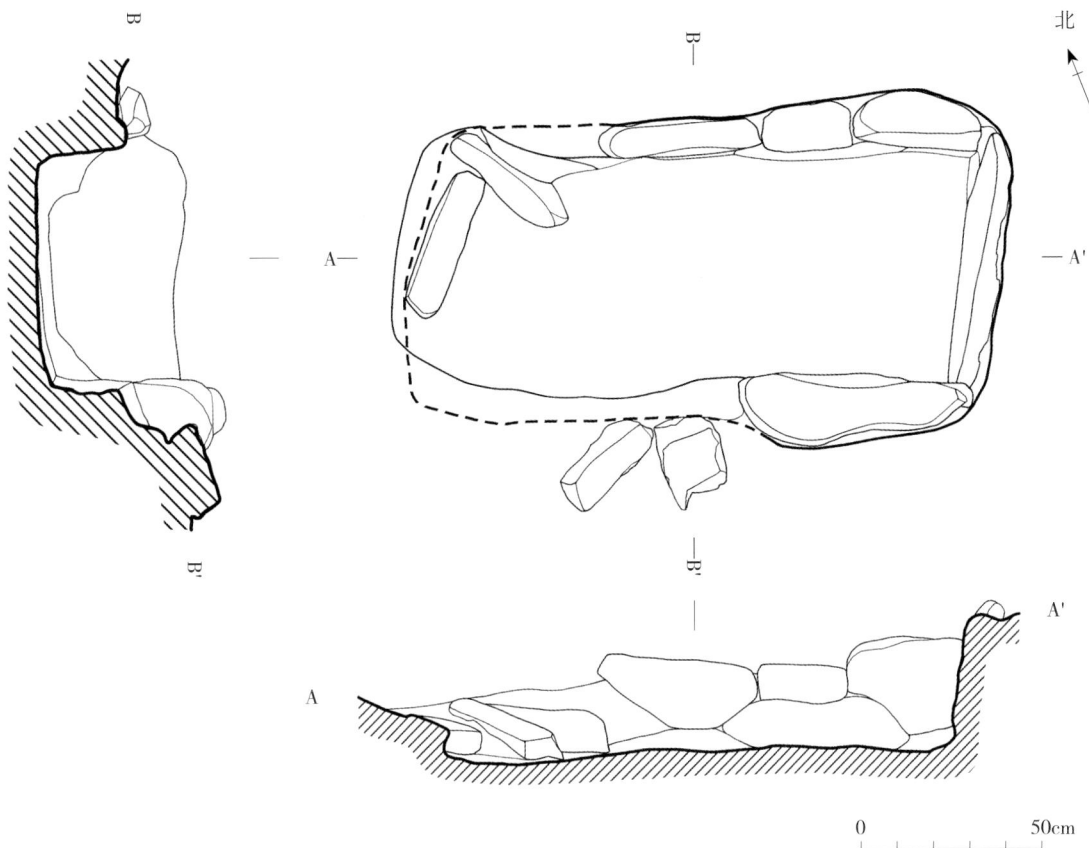

格布赛鲁一期无头箱的石室墓 2017ZGM5 平面图、剖视图

北两区，墓地和建筑遗存集中分布于北区。北区以南北向的桑达沟为界，可分为东、西两个台地，墓葬集中于东台地，西台地主要分布有地面建筑、洞窟群遗址。

一、工作缘起

1999 年，四川大学、西藏自治区文物局联合考古队对格布赛鲁墓地进行了调查并确认其是一处墓地，地表上采集到打制石器、少量细石器、较多红褐色夹砂和泥质陶器残片。2004 年，四川大学与西藏自治区文物局联合考古队对墓地地表遗存做了初步勘测，共确认了 71 座墓葬。同年8~9 月，为了配合阿里地区地方志文物卷的编写，陕西省考古研究所（现陕西省考古研究院）进行

初步调查统计，认为有 200 余座墓葬。20 世纪 90年代以来，该墓地不断受到人为盗掘和自然破坏，所以西藏自治区文物保护研究所主导，联合陕西省考古研究院、西北大学文化遗产学院，经国家文物局批准，于 2017 年至 2020 年，对墓地北区集中开展了四个年度的考古发掘。但对南区墓地、北区西台地建筑遗址和洞窟群尚未开展正式工作。

二、主要收获

经四个年度发掘后，发现格布赛鲁墓地分为早、晚两期，第一期墓葬年代为距今 3600~3000年，第二期墓葬年代为距今 2700~2100 年。第一期墓葬以埋藏相对浅、规模略小的石室墓为主，墓室长度一般在 2 米左右；不见洞室墓和竖穴土

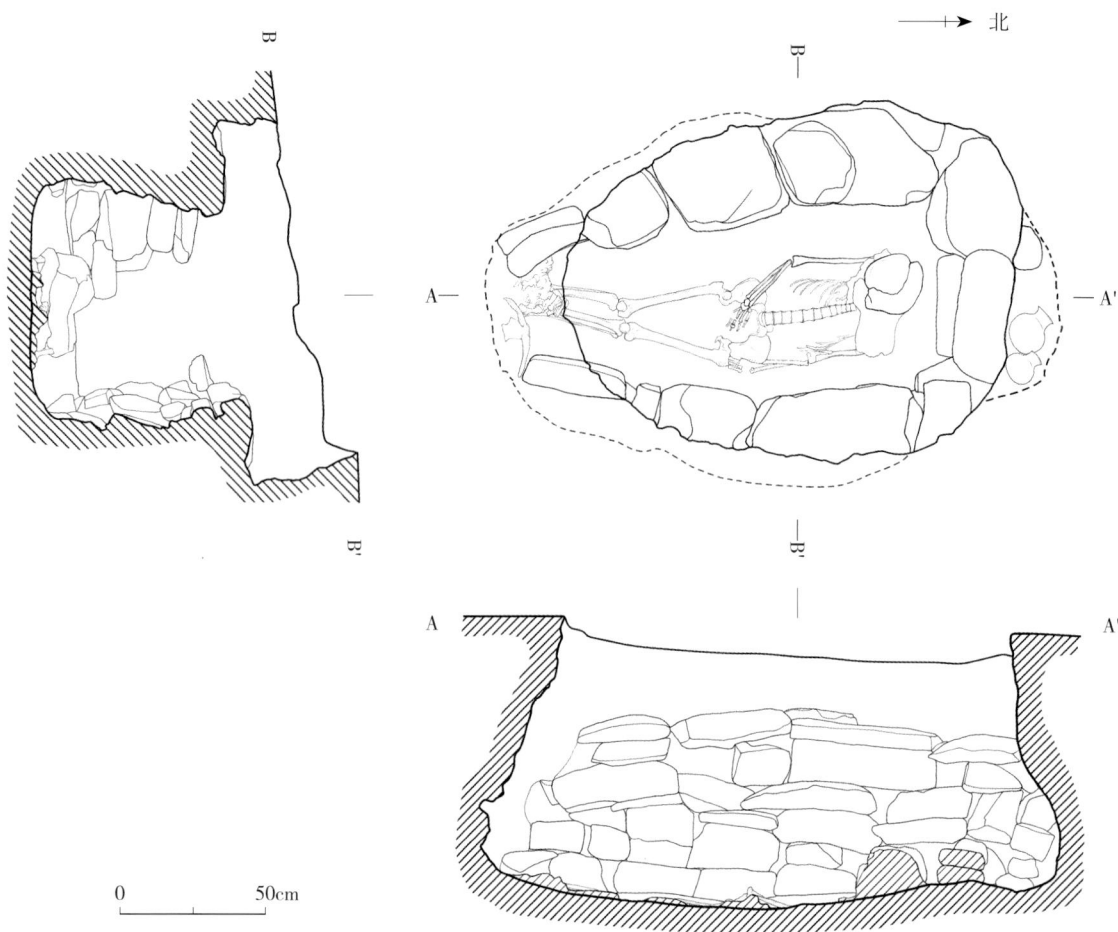

格布赛鲁一期有头箱的石室墓 2017ZGM2 平面图、剖视图

坑墓。第二期以洞室墓为主，且能见到迄今所知象泉河流域所有洞室墓的形制类型；另有一座石室墓（残）和两座疑似的竖穴土坑墓。

（一）墓葬

1. 形制与结构

通过发掘和解剖，对暴露于地表的墓葬遗迹进行了清理。给出编号的 21 座墓葬中，11 座是竖穴土坑石室墓，8 座是竖穴土坑洞室墓，2 座为竖穴土坑墓。其中，石室墓又可分为早、晚两期。属于格布赛鲁第一期文化遗存的石室墓有 10 座，第二期文化的有 1 座。并且，第一期文化的石室墓埋藏不深、墓室边框砌石不高；第二期石室

墓室边框砌石略高、规模略大，随葬品中有铁器等表现晚期特征的遗物。

格布赛鲁第一期文化的竖穴土坑石室墓，根据墓葬平面形状可分长椭圆形和长方形两种，边框为石头砌筑。按照有无头箱或侧龛，可以划分三种类型。无侧龛无头箱者为 A 型，8 座；无侧龛有头箱者为 B 型，1 座；无头箱有侧龛者为 C 型，2 座。

格布赛鲁第二期文化的竖穴土坑洞室墓，根据洞室间数，分为 A 型单室洞室墓、B 型双室洞室墓两类。A 型单室洞室墓 4 座，B 型双室洞室墓 4 座。根据其形制结构，B 型双室洞室墓又可

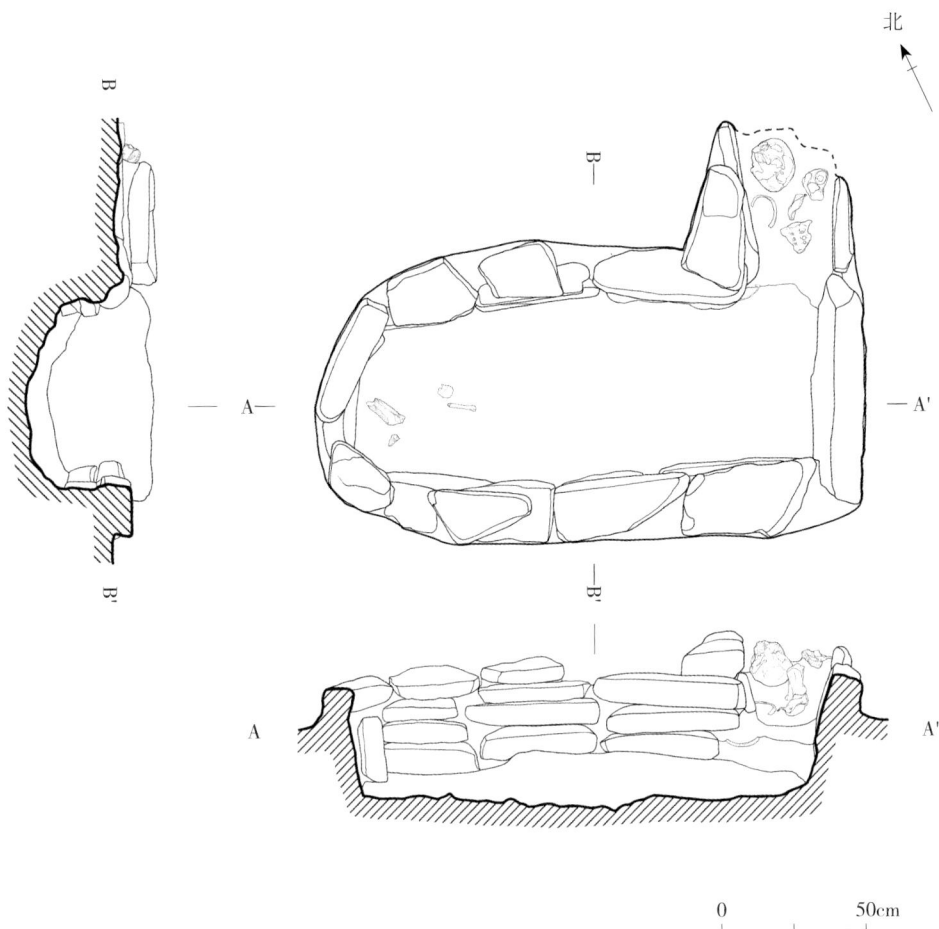

格布赛鲁一期有侧龛的石室墓 2017ZGM7 平面图、剖视图

划分两个亚型：Ba 型，一个竖穴土坑墓道前方左右并排两个洞室墓，3 座；Bb 型，中间一条竖穴土坑墓道，两端各一个洞室墓，形似哑铃状，1 座。

格布赛鲁第二期文化有 2 座疑似竖穴土坑墓葬。根据发掘情况，竖穴土坑墓的开口形制为圆形和不规则形各 1 座。

2. 葬式葬俗

格布赛鲁两期文化的墓葬，不仅在墓葬形制上有明显的区别，而且在葬式葬俗上也有明显差异。格布赛鲁一期文化中明确有 2 座仰身直肢葬，但因多数墓葬早年破坏非常严重，所以较难判断其葬式葬俗，不过也应当有二次捡骨葬。二期文化以二次捡骨葬为主要葬俗，且以不火烧人骨为主，个别有烧骨现象；另外出现侧身屈肢葬，但数量很少。未发现葬具，但用大量动物殉牲的现象普遍。这种动物殉牲的习俗，在整个同时期相关河流流域都很普遍。

（二）石构建筑等遗迹

发掘出的石构建筑可分为地表石框遗迹、围墙基址、护坡等。地表石框遗迹年代早，与格布赛鲁第二期文化遗存的后段年代一致，大约为公元前 3 世纪至公元前 1 世纪。这种石框遗迹大量分布于西藏西部、北部的高海拔草原荒漠地带，但至今未有科学发掘的测年数据。格布赛鲁第二

格布赛鲁一期细石叶
（2017ZGM7：12）

格布赛鲁一期缠丝玛瑙珠
（2017ZGM2：154）

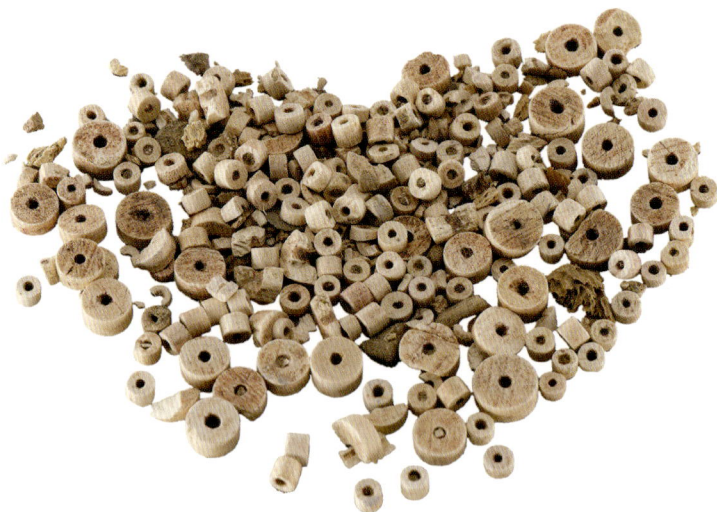

格布赛鲁一期滑石珠
（2019ZGM6：260）

格布赛鲁一期红玉髓珠
（2019ZGM6：210）

格布赛鲁一期釉砂珠子
（2017ZGM7：14）

期石框遗迹的发掘，为理解同类遗迹的年代提供了重要的参考。从地层堆积叠压关系判断，石框遗迹之外的其他类型遗迹年代更晚，基本与目前的地表年代相当，可能不属于格布赛鲁文化时期的遗存。

（三）遗物

墓葬出土有石、陶、骨、铜、铁、木、玻璃、贝、釉砂等不同材质遗物。格布赛鲁第一期文化主要出土石器、陶器、骨器、铜器、玻璃珠子、釉砂等。

陶器以圜底为主，无耳和单耳为主要特征，侈口，高颈，球腹。

第二期文化不见标准的石器，主要出土陶器、铜器、铁器、木器、玻璃、玉髓、贝饰、皮质遗物等。陶器以圜底器为主，无耳、单耳、双耳为主要特征，侈口或广口，除了相对不高的高颈依然延续外，还开始出现颈部变得很高的陶器，口部似喇叭，球腹，圜底。同时出现体型较大的绳纹陶罐，应当用作储物罐。还有少量的四足器，是格布赛

格布赛鲁一期单耳彩绘陶罐
（2017ZGM8：23）

格布赛鲁一期无耳彩绘陶罐
（2017ZGM2：123）

格布赛鲁一期单耳彩绘罐
（2017ZGM2：131）

格布赛鲁二期无耳高颈假流陶罐
（2017ZGM6：44）

格布赛鲁二期单耳高颈陶罐
（2017ZGM6：43）

格布赛鲁二期双耳大陶罐
（2017ZGM6：97）

格布赛鲁二期无耳高颈陶罐
（2017ZGM6：46）

格布赛鲁二期双耳四足陶罐
（2018ZGM2：6）

格布赛鲁一期铜刀
（2017ZGM2：139）

格布赛鲁一期无舌铜铃
（2017ZGM2：159）

格布赛鲁二期海螺装饰品
（2019ZGM2：1）

格布赛鲁二期羊眼蚀花珠子
（2019ZGM1：5）

鲁第二期晚段和皮央东嘎墓地早期文化的典型器物，目前仅在象泉河流域最早出现，后来这种四足器物传播到喜马拉雅南部山地区域。这种四足陶器主要流行于公元前4世纪至公元前3世纪。陶器装饰纹样以绳纹为主，在器物颈肩交界处装饰三角或者倒三角的网格等刻划几何纹开始较为普遍。

（四）生业经济

第一期文化随葬动物种类有山羊、绵羊、黄牛，以及鹿、盘羊等野生动物。第二期中除了山羊、绵羊、黄牛外，还有马、野驴和鱼类等。总体特征是，第一期文化以羊为主的畜牧经济是主流，兼有狩猎业。尽管第一期文化发现有青稞，但仅在陶器的填土中发现一粒，说明农业经济尚不发达或难以确定是否存在当地农作物的种植。第二期文化延续前一期的以羊为主的畜牧业，新出现的家畜有马、驴，说明出现了远程交通工具，远距离贸易变得更加方便。

三、初步认识

1. 格布赛鲁遗址规模大、遗存类型多样、年代跨度长、文化内涵丰富。

格布赛鲁遗址的发现对于构建西藏区域史前考古学文化谱系、探讨文化的交流与传播等具有重要的意义。

石室墓、洞室墓、竖穴土坑墓三种类型的墓葬先后出现于同一墓地的情况,为探讨西藏史前墓葬形制的演变和发展提供了重要依据。第一期出现的石室墓与西藏中部曲贡遗址早期遗存的石室墓在年代、形制、规模上都有许多共通之处,为在更大空间范围内讨论西藏高原石室墓的形成和来源提供了可能。

格布赛鲁墓地第二期文化中出现的双室土洞墓,是西藏境内迄今所知最早的双室土洞墓,与此年代相近的还有皮央遗址群第一期遗存的墓葬,其年代上限为公元前6世纪,为探讨此类墓葬在象泉河流域的出现、区域考古学文化的形成提供了依据。

2. 考古学文化上的交流互鉴非常明显。

格布赛鲁墓地第一期遗存出土的青铜器均为西方冶金技术背景下形成的砷青铜,应是输入品,第二期遗存青铜器属于锡青铜;一期墓葬出土的青稞为阿里境内最早的青稞种子材料,对研究该地区农作物的传播具有重要意义;第一、二期墓葬出土的黄牛骨,是西藏境内迄今所知最早的黄牛材料,为我们探讨黄牛在青藏高原上的传播问题提供了珍贵的实物资料。

格布赛鲁第一期遗存出现的彩陶、釉砂、青稞、砷青铜等遗物与我国新疆、南亚次大陆甚至中亚存在密切联系;第二期遗存出现的蚀花玛瑙珠(天珠)、四足陶器、玻璃珠等,不仅证明了来自中亚、南亚的文化元素输入到了西部象泉河流域,而且也说明了自公元前6世纪以来逐步成为地方文化中心的象泉河中游流域对于周边地区文化的深刻影响。

■ 撰稿:夏格旺堆、扎西次仁

ABSTRACT

Through four years' excavations, the Gebusailu site is revealed to be the earliest burial site in both the Langqên Zangbo (Upper Sutlej River) basin and Ngari Prefecture. The site has two periods of cultural relics, one from 3,600-3,000 B.P., and the second from 2,600-2,100 B.P. Relics from the first period consist mainly of stone-chambered tombs, which yielded long-necked pottery, as well as small amounts of painted pottery. Relics from the second period are earthen tombs with mainly long-necked pottery and even some larger-sized pottery. The first period contains animal burials such as goat, sheep, argali, ox and deer; The second period has the animals of the first, as well as horses and donkeys. Both periods of tombs reveal hunter-gatherer economies, with the second period exhibiting a lesser proportion of hunting economy. These relics reveal extensive communication and exchanges with Xinjiang and South Asia.

西藏拉萨市
当雄墓地

发掘单位：西藏自治区文物保护研究所、浙江省文物考古研究所、当雄县文化和旅游局

2020~2021 年，为配合大型基本建设项目，本着"既有利于基本建设、又有利于文物保护"的原则，经国家文物局批准，西藏自治区文物保护研究所主导，联合浙江省文物考古研究所和当雄县文化

和旅游局，对西藏拉萨市当雄县当雄墓地进行了两个年度的考古发掘工作，共清理墓葬 36 座。

一、墓地概况

当雄墓地位于西藏自治区拉萨市当雄县当曲

当雄墓地 M1~M5 发掘前平面示意图（上为东南）

M1 墓道开口平面（正射影像）

卡镇当曲居委会，当雄县政府驻地西北约 2 千米处的念青唐古拉山脉果瓦那布日山东侧平缓坡地上，海拔约 4300 米。据调查统计，当雄墓地共分布有 53 座封土墓，面积约 80000 平方米。按照相对地理位置，可将墓地分为南、北、中三区，南区有 5 座大型封土墓，北区有 47 座小型封土墓，中区仅有 1 座大型封土墓。

2020 年清理了南区 5 座大型封土墓 M1～M5。2021 年共清理了 31 座封土墓，包括中区 1 座大型封土墓 M6 和北区 30 座小型封土墓

M7～M34、M41、M53。

墓葬基本由地上封土和封土下的墓室组成。封土平面基本近圆形或圆角梯形，立面均呈覆斗状。大型墓葬封土边长 20～42 米，高 2.7～6.9 米；墓葬形制主要有长方形竖穴土坑石室墓和圆形穹隆顶石室墓，均为多室墓，基本由墓道、主墓室和侧室构成。小型墓葬封土边长 6～18 米，高不超过 1.2 米，部分地表未见明显封土；墓葬形制主要为竖穴土坑石室墓和竖穴土坑墓，均为单室墓，个别有墓道结构。墓室外基本都有平面呈梯形的石围墙结构，或

M1 主墓室内部及墓门

规整或残乱。现将各重要墓葬的情况分述如下。

二、发掘收获

（一）大型墓葬

1. M1

位于墓地南区西南侧，东北与 M2 为邻。M1 封土平面近圆形，立面呈覆斗状，南北长 33、东西宽 31、高 4.6 米。封土西北处被现代取土破坏，顶部呈南高北低斜坡状。封土内部结构从上到下依次为包边土、护墙土、护坡墙和内部粗夯填土。封土下的墓室由墓道、甬道、主墓室和侧室组成。墓道整体为竖穴土坑石砌结构，开口较高，可分上下两部分，上部为高约 3 米的石砌方框，填满石堆，清理完上部的石堆后见到下部的墓道口。主墓室位于墓道南侧，侧室位于墓道北侧，均为

石室墓，其中主墓室为长条石砌穹窿顶结构，侧室为长条石砌平顶结构。墓室外有两道闭合的石围墙，平面大致呈梯形，内墙位于护坡夯土墙下，仅由 1 层石块构成。外墙位于包边土与护墙土分界处之下，由 5~6 层石块垒砌而成，石块中间夹有 2 层平铺的石板，均围绕墓室而建。M1 出土了人骨和动物骨骼，人骨散乱，推测应为二次葬。无明显葬具。M1 出土遗物主要有陶片、银饰件、铜器、铁器以及漆皮残片、擦擦等。

2. M2

位于墓地南区中部偏西南，西南邻 M1，东北靠近 M3，M1、M2、M3 由西南向东北成列分布。M2 封土平面大体呈方形，立面呈覆斗状，南北长 20.9、东西宽 20、高 2.7 米，属大墓里面

规模最小者。封土主要以夯土层筑起，层面较为平整光滑，每层厚 0.3~0.37 米。封土下的墓室为竖穴土坑石室墓，墓葬整体呈"十"字形结构，由墓道、主墓室、东侧室和西侧室组成。墓道在南、墓室在北，墓道为阶梯墓道，墓室上搭有棚木，其上层外围有一石圈，呈花篮状，仅 1 层石块。花篮状石圈外另有两道石围墙，平面大致呈梯形，由 3~4 层石块垒砌而成，石块中间夹有 1 层平铺的石板，均围绕墓室而建。M2 东、西侧室各出

土 1 具人骨，分布散乱且不完整，推测应为二次葬，同时发现动物骨头，可辨个体包括牛、羊、狗等。无明显葬具，仅墓室底部和壁面做了部分硬化处理。M2 出土遗物主要有彩绘陶片、金银器，以及铁器残件、漆器残片、印度 – 太平洋珠、石质黑白围棋子等。

3. M3

位于墓地南区中部，西南与 M2 为邻。M3 封土平面基本呈方形，立面呈覆斗状，南北长 42、

M2 墓室顶部棚木平面（正射影像）

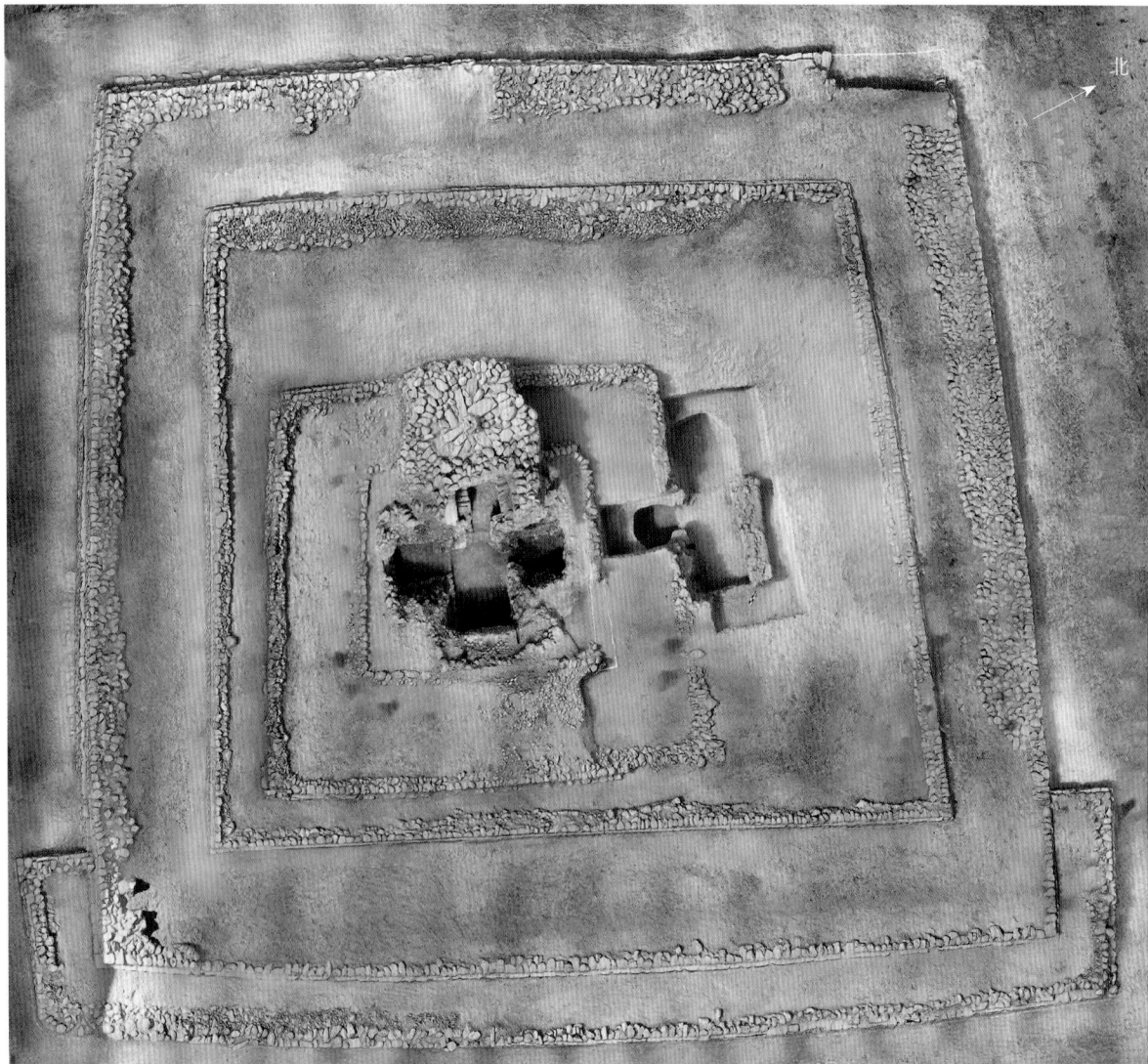

M3 清理完后总平面（正射影像）

东西宽 39.5、高 6.2 米，为整个墓地中规模最大的墓葬。封土北部和东部局部被现代取土破坏，顶部中心凹陷，呈南高北低斜坡状。封土内部④层下发现石堆遗迹，出土了人骨，疑似祭祀所用。封土下有 2 座互为独立的墓葬 M3-1 和 M3-2，M3-1 基本位于 M3 中央，M3-2 位于 M3-1 东北侧。M3-1 由主墓室、南侧室、东侧室和西侧室组成，未见明显的墓道结构。北侧主墓室为长条石砌穹隆顶结构，南、东、西三个侧室均为竖穴土坑石室墓。三个侧室内部有大量木炭、烧结土等火烧痕迹，并且存在盗扰痕迹，猜测原顶部应搭有棚木。M3-1 墓室外有五道石围墙，均位于相应的护坡夯土墙下，其中内四道平面大致呈梯形，最外一道（第五道）仅有南侧一段，两端与第四道石围墙相接。五道石围墙根据地势由 1~5 层石块垒砌而成，石块中间夹有 1~2 层平铺的石板，由外向内逐渐收分。M3-2 由墓道、主墓室和西侧室组成。墓道和南侧主墓室均为竖穴

M4 封土及石围墙

土坑结构，仅主墓室东壁残存有石砌墙，西侧室为洞室墓，穹隆顶结构，且东、西两壁上发现竖向柱洞，原来似有立柱。M3-1、M3-2均出土有人骨和动物骨骼，人骨分布散乱，推测应为二次葬。无明显葬具。M3出土遗物主要有陶器、彩绘陶片、金银器、缠丝玛瑙管珠、珊瑚管珠、绿松石珠、海水珍珠、铜器、铁器残件等。

4. M4

位于墓地南区东部。M4封土平面大体呈梯形，立面呈覆斗状，南北长36、东西宽41、高5.08米。封土顶部呈南高北低斜坡状，中部凹陷。封土主要以夯土层层筑起，层面较为平整光滑，

夯层厚约0.1米。封土内部发现2处石堆遗迹、1处灰堆。封土下的墓室由墓道、甬道、主墓室、西耳室和东侧室组成，墓道位于北侧，主墓室位于南侧。墓道为竖穴土坑石砌结构，有3层石阶。主墓室、耳室、侧室均为石砌穹隆顶结构。耳室位于主墓室内部西侧，侧室位于墓道底部东侧，因所处位置不同，故用耳室和侧室加以区分。墓室外有一道石围墙，平面大致呈梯形，基本位于包边土与护墙土分界处之下，由4~5层石块垒砌而成，石块中间夹有1层平铺的石板。M4出土有人骨和动物骨骼，人骨分布散乱，推测应为二次葬。无明显葬具。M4出土遗物主要有陶器残件、

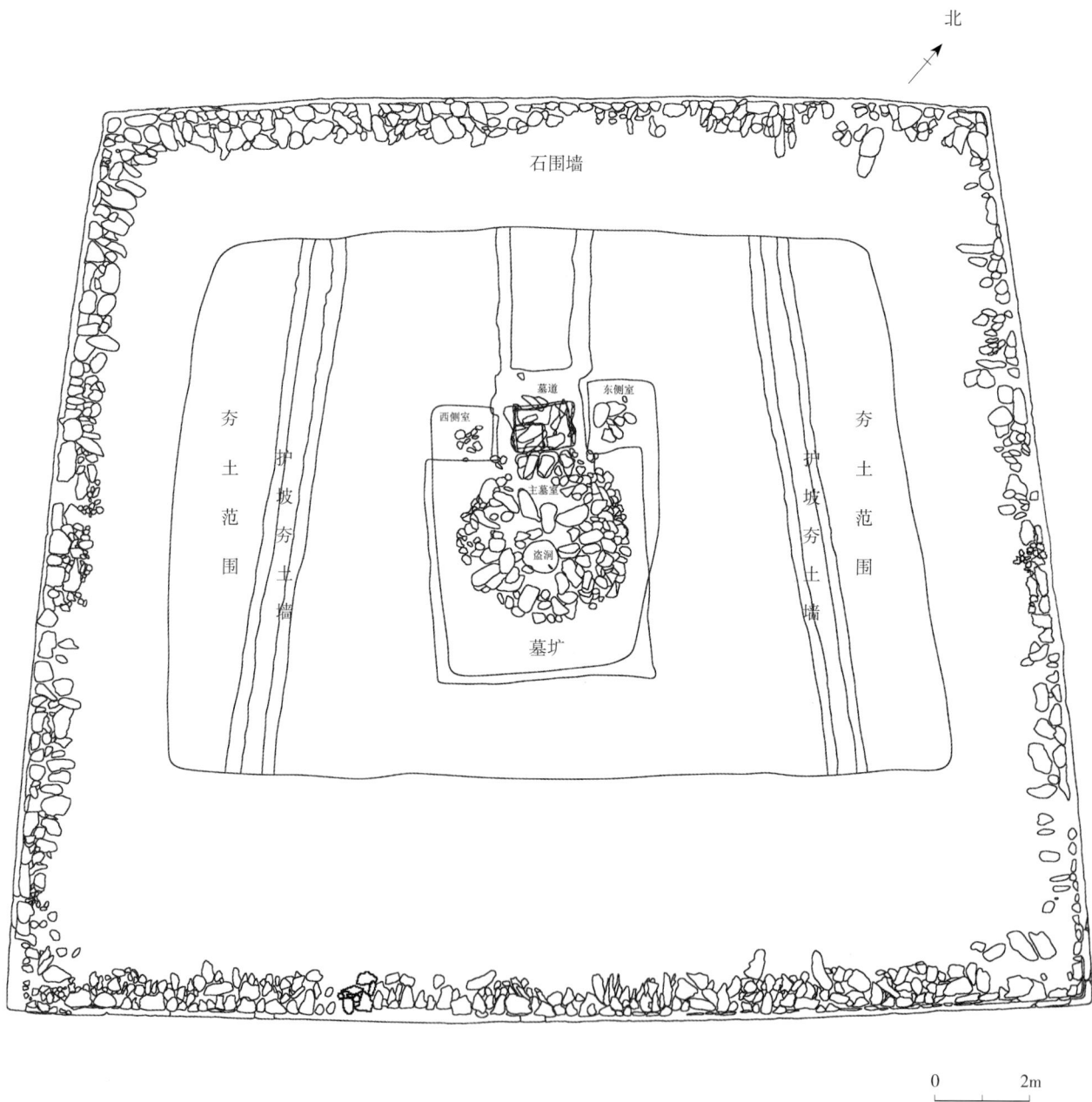

北

石围墙

夯土范围

护坡夯土墙

墓道

东侧室

西侧室

土墓室

盗洞

墓圹

夯土范围

护坡夯土墙

0 2m

M5 总平面图

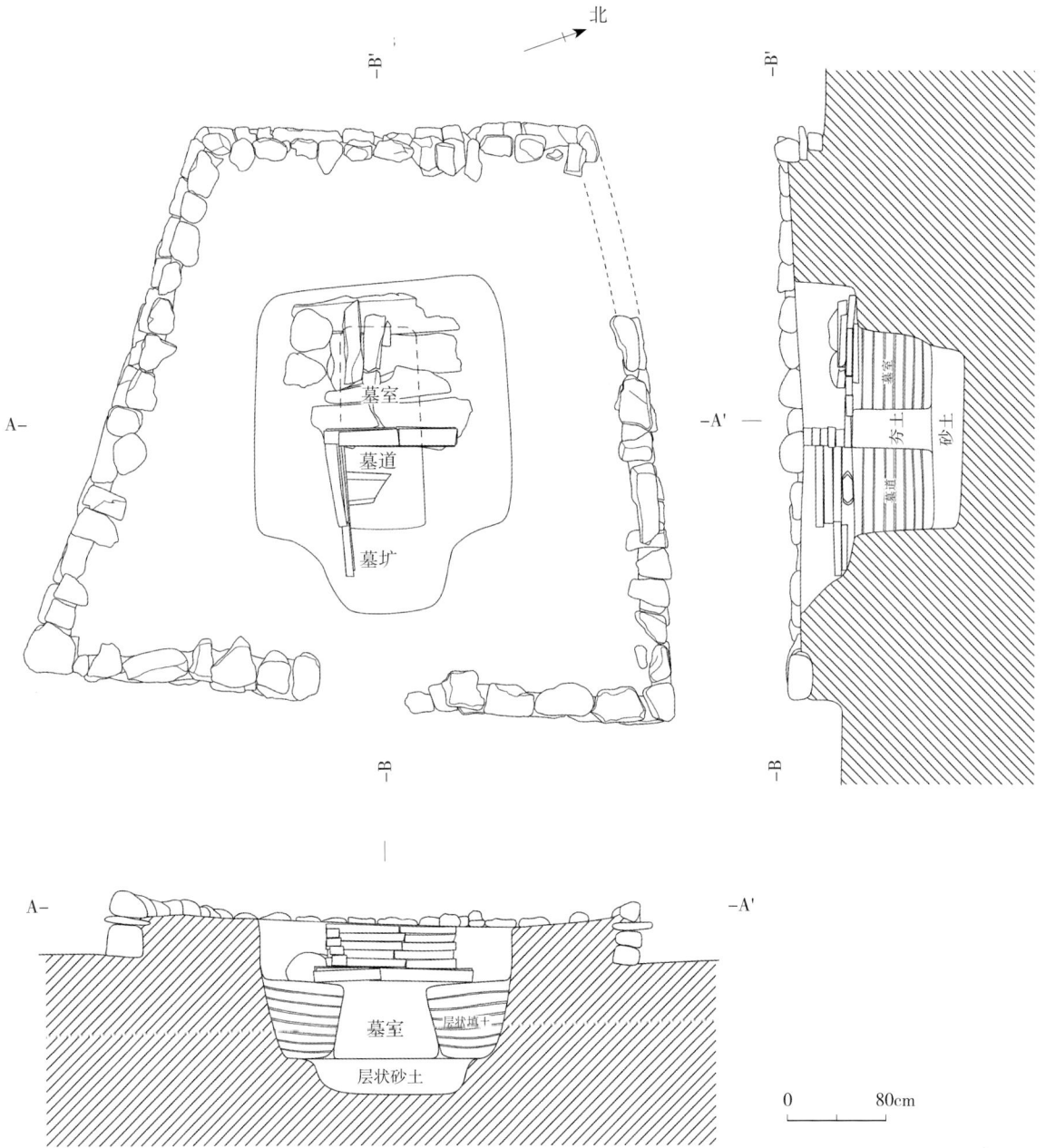

北

-B'

-B'

墓室

墓道

A-

-A'

墓圹

墓室

夯土

砂土

墓道

-B

-B

A-

-A'

墓室

层状填土

层状砂土

0　　　　80cm

M11 平、剖面图

金耳饰、绿松石饰件等。

5. M5

位于墓地南区西北部。M5封土平面近圆形，立面呈覆斗状，南北长34、东西宽38、高4.7米。封土顶部有凹陷。封土内部发现1处石墙遗迹、1座灰坑、1处石堆遗迹。封土下的墓室由墓道、甬道、主墓室、东侧室和西侧室组成。墓道为竖穴土坑石砌结构，上部高约1米的石砌方框被石堆填满，清理完石堆后发现下部墓道口，与M1墓道情况类似。墓道位于北侧，主墓室位于南侧。三个墓室均为石砌穹隆顶结构，两个侧室分布于墓道底部东西两侧。墓室外有一道石围墙，平面大致呈梯形，由4~5层石块垒砌而成，石块中间夹有1层平铺的石板，

围绕墓室而建。M5出土了人骨和动物骨骼，人骨分布散乱，推测应为二次葬。无明显葬具，主墓室底部发现若干大石。M5出土遗物主要有陶片、铜器、铁器残件、绿松石饰件和擦擦等。

6. M6

位于墓地中区。M6封土平面近圆形，立面呈覆斗状，南北长30、东西宽32、高4米。封土顶部中心位置有一长方形开口的晚期盗洞，向下一直通向墓道北侧，毁坏了墓道结构，从而直接进入墓室，盗洞底部堆满现代垃圾。封土基本由填土自下而上堆筑，局部有夯土，封堆内未发现遗迹遗物现象。封土下的墓室由墓道、甬道、主墓室、南耳室、北耳室组成。墓道位于西偏北，主墓室位于东偏南。墓道为竖

M6墓室

M2 出土植物花纹银片饰

M3 出土雄狮鸟纹金耳勺

M3 出土珠饰

M2 出土石质黑白围棋子

M3 出土彩绘陶片

M3 出土鎏金铜覆面（残）

井土坑石砌墓道，主墓室为石砌穹隆顶结构，两个耳室为石砌平顶结构。两个耳室均从主墓室内壁外掏形成，对称分布于主墓室南北两侧，故称其为耳室。墓室外有内、外两道石围墙，高度与墓室开口基本一致，内道仅摆放1层石块，高低不平且局部缺失，外道由5层石块垒砌而成，石块中间夹有1~2层平铺的石板，平面均呈梯形，均围绕墓室而建，但两道石围墙方向不完全平行。M6出土了少量人骨，分布零散，结合其他墓葬的情况，推测应为二次葬。无明显葬具。M6出土遗物仅有若干陶片。

（二）小型墓葬

小型封土墓均位于墓地北区，成片分布，共清理30座，编号依次为M7~M34、M41、M53。小型墓葬地表封土平面基本近圆形，直径6~18、高0~1.2米，部分墓葬地表上看不出明显封堆。封土基本为自下而上堆土而成，局部有夯土。封土内基本无遗迹遗物，封土下为墓室，墓室形制主要可分为竖穴土坑石室墓和竖穴土坑墓，有的带有竖井墓道。墓室外基本均有一道整体平面呈梯形的石围墙，保存完整程度不一，有

的较为规整，有的局部缺失，有的仅存一些乱石。30座小型墓葬均出土数量不一的人骨，推测葬式应为二次葬，无明显葬具。有的墓葬随葬有动物骨骼，包括狗、马、羊等。未见明显的盗洞等痕迹。出土遗物较少，主要有陶片、铜器、铁器和珠饰等。

（三）出土遗物

当雄墓地的大型墓葬被盗扰情况较为严重，仅结构保存较好，出土遗物普遍较少，小型墓葬未见明显的盗扰痕迹，随葬品同样较少。出土遗物主要有金银器，包括雄狮鸟纹金耳勺、植物纹金饰件、铜鎏金覆面、阴刻花纹银饰件、银带扣和金珠、银珠等以及狗头金；还有青金石、玛瑙、珊瑚、松石、珍珠等饰件；陶器（陶片）有1件鸭嘴流单耳平底罐和若干彩绘赭面人物形象的陶片，这是青藏高原首次发现；铜器包括铜镜、铜铃、铜杯、铜勺、铜锥状器等；还有铁器残件，可辨器形有铁箭镞等；另有漆皮残片、贝类制品、纺织物、擦擦、石质黑白围棋子等。

三、初步认识

当雄墓地考古发掘是近年来在西藏境内首次对结构完整、形制复杂的唐（吐蕃）时期大型封

土墓进行的正式的大规模发掘，经过两个年度的考古发掘工作，形成以下初步认识。

墓葬形制和出土遗物，包括封土墓本身，以及梯形石围墙、穹隆顶墓室和出土金银器、彩绘陶片上的赭面人物形象等特征，均显示出唐代吐蕃时期的考古学文化面貌。结合碳十四测年数据，推测当雄墓地的年代为公元 7～9 世纪，属唐代吐蕃时期文化遗存。其中，彩绘赭面人物形象的陶片是青藏高原首次考古发现。

地处唐蕃古道上的当雄墓地发掘出土的石质黑白围棋子、金银器、漆皮残片等显示出其与中原文化、周边地区考古学文化特征的相关性，展示了唐代吐蕃时期唐蕃古道上文化的交往、交流、交融，是中华民族多元一体格局的重要实证。

发掘的大型墓葬均在封土部分发现了盗洞，表明早期盗扰较为严重，仅结构保存较为完整，出土遗物普遍较少；小型墓葬未见明显的盗扰痕迹，但出土遗物同样较少。这为进一步了解和认识西藏地区古代丧葬制度等提供了重要参考。

四、价值意义

当雄墓地考古发掘是配合国家大型基本建设的考古项目，也是近年来首次对西藏地区唐代吐蕃时期封土墓群进行的大规模考古发掘。此项工作以配合基本建设考古工作为契机，在切实保护建设区域内的古代文物遗存的同时，深入开展了西藏地区唐代吐蕃时期封土墓遗存的研究工作，首次科学完整地揭示了吐蕃腹心的西藏地区封土墓文化面貌，为进一步了解西藏地区唐代吐蕃时期的考古学文化面貌、丧葬制度等提供了重要的实物资料，同时对于重现古代丝绸之路文化交流盛况，铸牢中华民族共同体意识等具有重要的学术意义。

■ 撰稿：李林辉、扎西次仁

ABSTRACT

2020 to 2021, the Cultural Relics Bureau of Tibet Autonomous Region collaborated with the Zhejiang Provincial Institute of Cultural Relics and Archaeology and other institutions to conduct excavations at the Damxung cemetery, uncovering 36 earthen tombs. The tombs consist mainly of an above-ground earthen mound and an underground tomb chamber. Tombs are typically surrounded by trapezoidal stone walls. Unearthed artifacts include potteries, bronzes, ironwares, gold and silver wares, as well as various beads and Go pieces. The cemetery dates from the Tubo period of the Tang Dynasty between the 7th and 9th Centuries C.E. The excavation of the cemetery provided material data for further understanding the archaeology of Tibet during the Tubo period of the Tang Dynasty.

河套地区聚落与社会
研究项目

2021~2022 年，"河套地区聚落与社会研究"项目接续前期工作，坚持以核心遗址为引领，以周边基本建设考古为契机的工作方法，在继续夯实石峁、碧村、后城咀、周家嘴头、桥村等核心遗址考古成果基础上，还开展了山西偏关天翘湾、陕西府谷苍贺峁等遗址的发掘工作和宁夏罗山地区的调查工作，不仅为探讨龙山时代石城的兴起、发展与衰退提供了重要依据，同时也丰富了河套地区新石器时代晚期至夏商时期的文化谱系。两年来，出版考古报告 2 部，发表考古简报 13 篇、研究论文 12 篇。

各项工作稳步推进，核心遗址年代框架和聚落结构更为清晰。碧村遗址系列测年显示其主体遗存绝对年代在公元前 2200 至公元前 1800 年之间；石峁遗址皇城台顶上大型宫室类建筑群基址——大台基的结构基本厘清，其西南角处原位保存的"转角石雕"为确认石峁石雕的功能和用法提供了重要材料；碧村遗址和后城咀遗址城门结构基本廓清，与石峁外城东门结构类似，呈现出突出防御性、重视礼仪性的显著特点；周家嘴头遗址和桥村遗址在其核心区域分别发现集中分布的仰韶晚期陶窑和龙山时代"长方形坑"，这是探讨两遗址功能性质的重要证据；宁夏罗山地区考古调查填补了该区域史前遗址的空白，为认识陕、甘、宁交界区域仰韶至龙山时代的文化面貌提供了基础资料。

紧抓机遇，学术亮点突出，诸多方面取得突破性进展。石峁皇城台墓地是目前所见石峁文化最高等级墓地，墓葬规模大、排布有序，多见殉葬的年轻女性和狗；另外，墓地中发现的多道石墙表明，石峁文化的高等级墓地或已规划建设墓上设施。天翘湾小型石城发现较为丰富的"仰韶文化最末期"遗存，测年表明其绝对年代为距今 4700 年前后；结合以往发现，该阶段已出现小沙湾、后寨子峁等石城聚落，天翘湾考古成果为探讨河套地区石城聚落起源增添了新资料。苍贺峁遗址出土典型的朱开沟文化遗存，从目前发现来看，朱开沟文化在分布范围上与石峁文化契合度较高，且陶器组合与石峁文化较为相似，苍贺峁考古发现为探讨石峁文化衰落之后河套地区的社会形态与族群变化提供了极为重要的信息。

项目开展以来，通过对河套地区史前至夏商时期聚落的通时性观察，我们认识到河套地区文明社会积蓄于仰韶晚期，形成并完善于龙山时代，以石城为典型聚落特征，构成了一支稳定的考古学文化——石峁文化，而后趋于式微，朱开沟文化目前呈现出的文明化程度尚难比拟于中原地区同期遗存。课题组将以上述基本认识为出发点，在更为宏大的视野下重点探讨石峁文化与周边同期考古遗存和考古学文化的互动关系，助力中华文明探源、早期国家起源和发展等重大学术问题。

■ 撰稿："河套地区聚落与社会研究"项目课题组

内蒙古清水河县
后城咀石城

发掘单位：内蒙古自治区文物考古研究院、清水河县文物管理所

一、工作缘起

后城咀石城址位于内蒙古自治区呼和浩特市清水河县宏河镇后城咀村，地处黄河一级支流浑河北岸的一大型坡地上，西距黄河约 20 千米。遗址地貌为典型的黄土高原地貌，黄土堆积丰厚，地表沟壑纵横。

1990 年，内蒙古自治区文物考古所在配合基本建设工程"丰准铁路"调查时首次发现后城咀石城址并对其进行试掘，根据出土遗存判定其为以仰韶文化为主、朱开沟文化和战国时期文化为

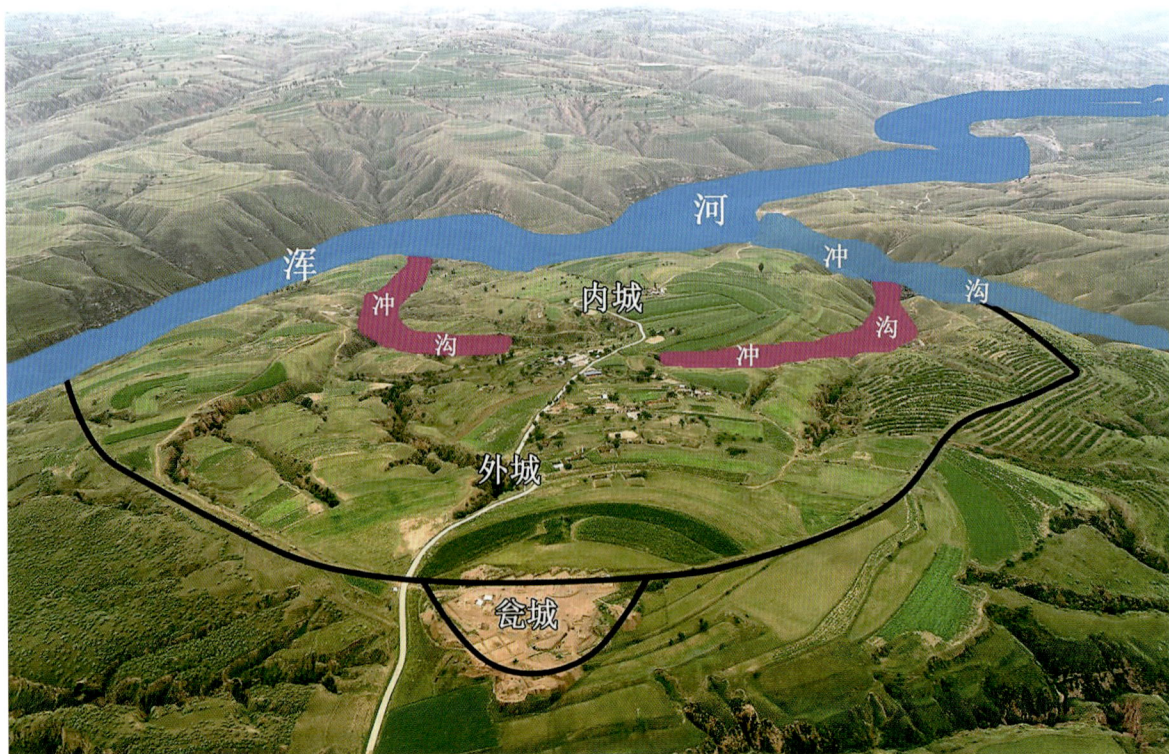

石城布局

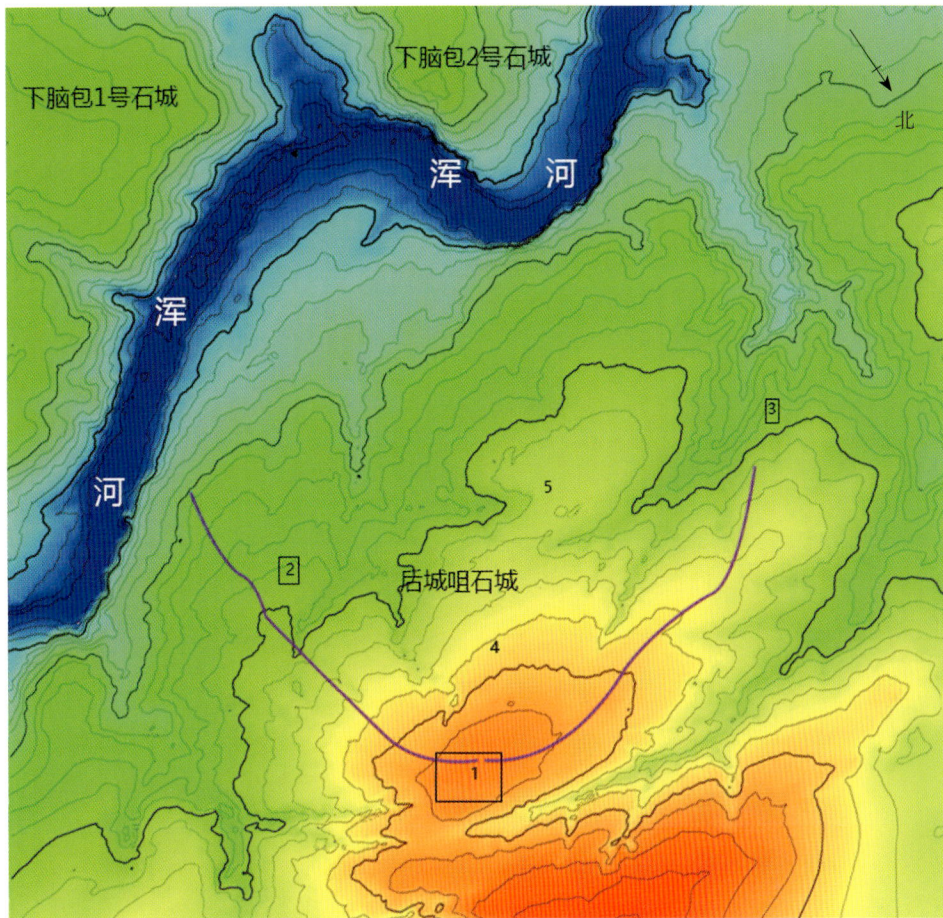

下脑包2号石城

下脑包1号石城

浑 河

浑 河

下城咀石城

北

1 城门发掘区	2 墓葬发掘区
3 墓葬发掘区	4 外城
5 内城	—石墙

后城咀石城高程图

辅的遗址。2005年，内蒙古自治区文物考古研究所为配合国家文物局重点课题"河套地区先秦、两汉时期人类文化、生业与环境"的开展，对浑河下游地区进行了区域性调查、测绘以及试掘工作，确认后城咀石城占地138万平方米，是内蒙古中南部地区面积最大的龙山时代石城。2010年，内蒙古自治区文物考古研究院与中国国家博物馆遥感考古中心联合开展了浑河下游地区无人机航测工作，认定后城咀石城城门区域有着较为复杂的结构，可能存在瓮城。

2019年，内蒙古自治区文物考古研究所为配合国家文物局重大工程"考古中国"之"河套地区聚落与社会研究"课题的实施，对后城咀石城进行了主动性考古发掘，明确了其结构布局。经碳十四检测，后城咀石城废弃年代为距今4300～4200年。

二、遗迹概况

后城咀石城总面积约为138万平方米，由内城、外城以及外双瓮城（1号与2号瓮城）构成，有着较为复杂、完备的防御体系，是内

瓮城布局图（下为北）

蒙古中南部地区等级最高、规模最大的龙山时代石城。于2019年开始发掘石城，工作主要集中于外双瓮城及主城门区域，截至2021年已经基本厘清后城咀石城的城防体系和外双瓮城的结构布局。

遗迹主要有城垣、城门、马面、台基、墩台、壕沟、地下通道等。其中城垣由内至外有主城垣（Q1）、1号瓮城城垣（Q2）和2号瓮城城垣（Q3）。主城垣由中部的石墙和里外两侧版筑的土墙构成，1号、2号瓮城城垣为石墙，并无版筑土墙。城门有主城门、1号瓮城城门、2号瓮城城门，城门墙体均为石质。马面分布于主城门两侧，呈对称分布，均为石砌建筑，内部为空心。台基接于1号瓮城城垣和2号瓮城城垣里侧。接于1号瓮城城垣之上的台基均为石砌建筑，平面呈长方形，墙体用石块层层错缝垒砌，内部填充黑花土，实心。接于2号瓮城城垣的台基由土坯和石块混砌而成，平面呈不规则方形，东侧和北侧墙体为石块垒砌，西侧和南侧为土坯垒砌，内部用土坯平铺而成，亦为实心。墩台存有2个，位于主城门北侧，与主城门呈"品"字形分布，分别与1号瓮城城垣相接，两墩台之间为通道，相距13米。东侧墩台（DT1）由石墙、土墙构成，内部为空心，有斜坡式门道可供出入。西侧墩台（DT2）由石墙构成，内部为黄土，实心。壕沟目前发现有2条，壕沟1

较宽，与主城垣、1号瓮城城垣毗邻。壕沟2相对较窄，与2号瓮城城垣毗邻，地下通道从沟底穿过。地下通道目前发现有6条，其中1~4号分布于1号瓮城东北侧，5、6号分布于1号瓮城西北侧。1号地下通道发掘最为完整，开口于城外，深入地下约2.3~3米，之后穿过2号瓮城城垣、2号瓮城广场，与1号瓮城城垣毗邻的壕沟1东段底部相接并在此露出通道口。其余3条地下通道除2号与1号相接外，另两条与1号地下通道平行排列并接于壕沟1东段，

但4条地下通道均未穿过1号瓮城城垣进入1号瓮城广场。5号地下通道于壕沟1西段东北侧底部开口，穿过瓮城通道，与壕沟1东段相接。6号地下通道开口于壕沟1西段东南侧，穿过1号瓮城城垣进入了1号瓮城广场。

2022年发掘了壕沟、地下通道、马面、主城垣等，明确了后城咀石城从城外通向1号瓮城的地下通道体系，辨明了主城垣、1号瓮城城垣和2号瓮城城垣由早及晚的营建关系，厘清了墓葬的分布范围，为探索中国北方地区早期城市防御

地下通道示意图（上为北）

5 号地下通道入口

5 号地下通道内景

体系的形成提供了新的文化元素。

1. 2 号地下通道（TD2）

位于 2 号瓮城东北侧，1 号瓮城城垣北侧，东北、西南向走势，横贯于 2 号瓮城底部，与 1 号地下通道相接。剖面呈拱形，南高北低，与地下通道 1 相接处呈坡状下降，通道整体高 1.4～1.7 米，宽约 1.2～2 米，顶部距地表 1～1.5 米。通道壁面工具痕明显，局部有火烤痕迹。踩踏面保存较好，为一层黄花土硬面，局部青灰色，极为坚硬。踩踏面上存有大量红烧土、木炭和草木灰，废弃时可能经过火烤。

2. G2

位于 2 号瓮城的东北部，与 2 号瓮城城垣毗邻。试掘段长约 15、宽约 2.2、深约 3.2 米。平面大致呈长方形，剖面呈口大底小的梯形。东侧壁面基本直壁向下，南、北两侧壁面略呈斜坡状，底部较为平整。距东侧壁面 2 米处存有一椭圆形灰坑，为 4 号地下通道顶部坍塌所致。堆积可分为 4 层，出土有玉环、玉联璜璧、石镞、骨镞、猪下颌骨等遗物。

3. 墓葬

2022 年度还对外城进行了钻探和发掘，发现了城东南的Ⅱ区墓葬和城西南的Ⅲ区墓葬。其中Ⅱ区墓葬由 5 个上部垒砌石块、突出地表 3~5 米的高台组成。墓葬发掘数量较少且不见打破关系，根据墓葬形制及出土遗物可知为战国时期墓葬。因其方向不同可分为东西向和南北向两类。其中，东西向墓葬墓坑较浅，且基本不见随葬品，与凉城岱海地区发现的毛庆沟、水泉等墓地相似，具有北亚游牧文化人群的葬俗特点。而南北向墓葬，上部皆存有石块垒砌的封石堆，下部为竖穴土坑墓穴，发现有木质棺椁等葬具，并随葬有典型中原文化色彩的铜镜、铜带钩、印章及随身佩戴的玛瑙环、骨笄等，具有中原文化人群的葬俗特点。Ⅲ区墓葬位于石城西南，皆为石棺墓，根据墓葬形制和出土遗物可知，为本地区龙山时代墓葬。发掘的墓葬四壁皆由层层石板垒砌而成，墓底平铺石板，个别顶部由石板平铺或叠砌而成，形如石棺盖，墓葬均较窄。随葬品不见陶器和玉器等，仅见少量石质工具及石环、绿松石、骨笄等随身佩戴的饰品。

三、出土器物

发掘工作主要集中于城门、外双瓮城（1 号与 2 号瓮城）以及低等级墓葬区域。出土器物相对较少，主要有陶器、玉石器以及骨器等 200 余件，均属永兴店文化范畴。

1. 陶器

完整器较少，以陶片居多。陶质以夹砂灰陶、泥质灰陶和磨光黑陶为主，并有少量的泥质黑陶、泥质红褐陶。纹饰以篮纹和绳纹居多，并

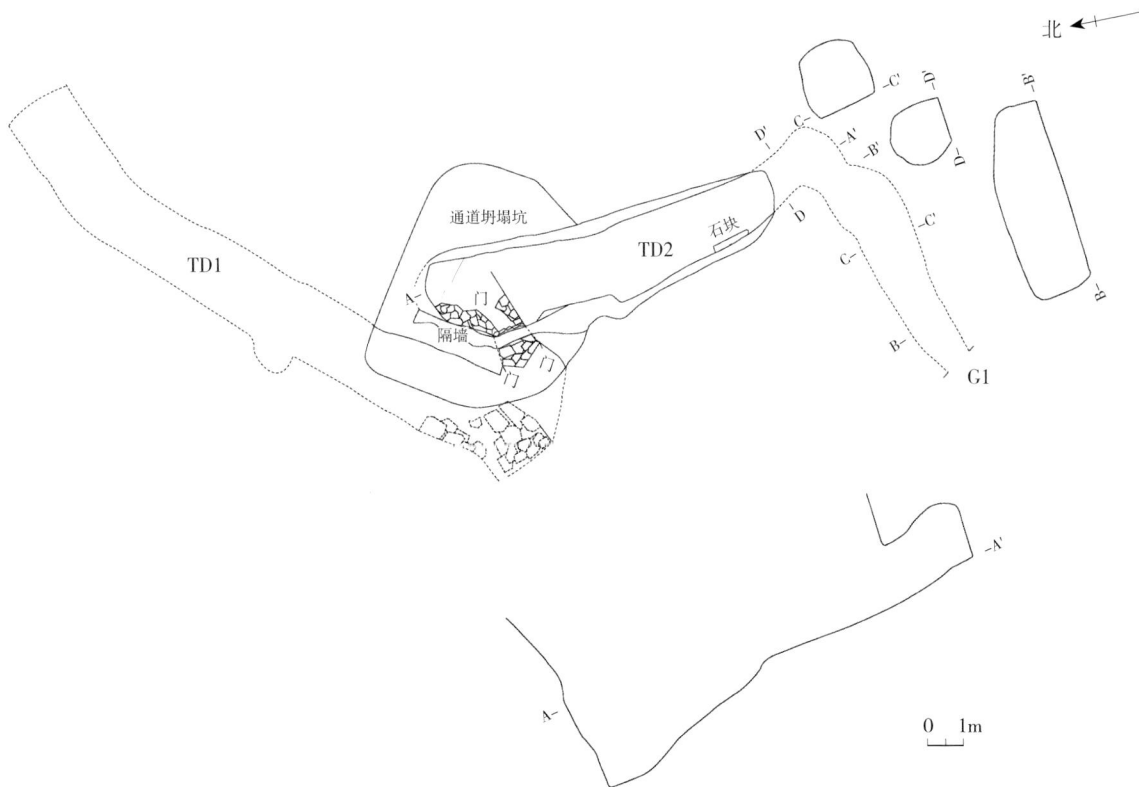

2 号地下通道平、剖面图

Ⅲ区墓葬发掘全景（上为东）

M6（下为北）

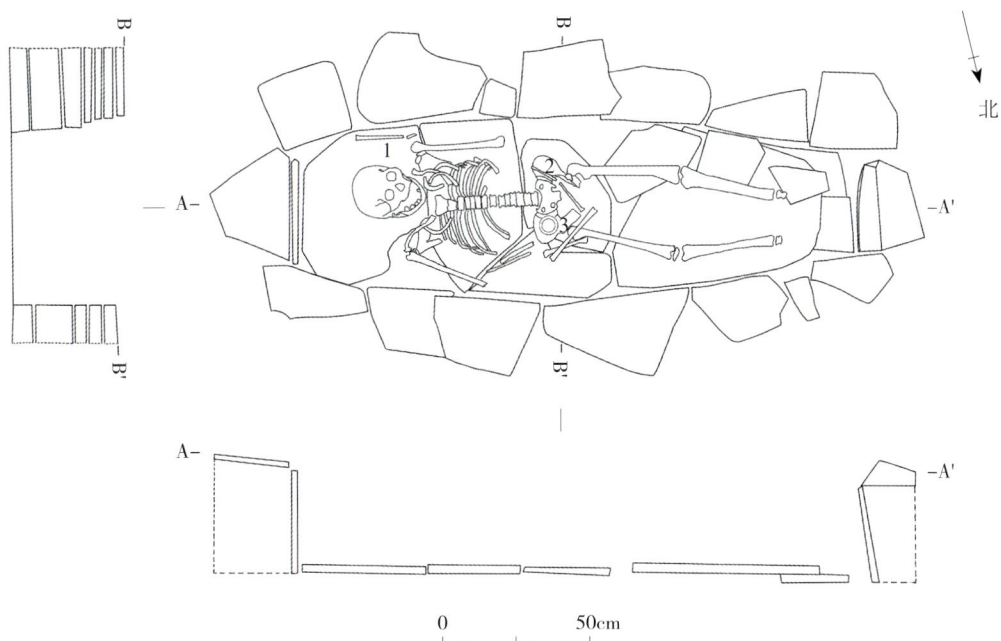

北

M6 平、剖面图

1. 骨笄　2. 骨笄　3. 石环

袋足陶鬲

单把陶鬲

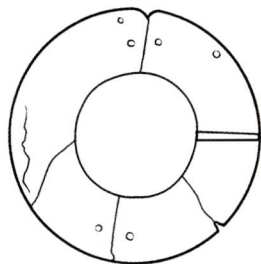

玉联璜璧

玉铲

有少量的附加堆纹、几何纹、压印纹、戳印纹等配合使用。器类主要有鬲、斝、甗、盂、瓮、罐、豆等，器体较大，烧制火候高，质地坚硬。其中宽裆鬲、敛口瓮等兼具老虎山文化和永兴店文化的双重特征。

2. 玉石器

出土相对较少。玉器主要集中于壕沟2、台基5附近，墩台2北侧也有少量出土。器形主要有璧、铲、刀、联璜璧、环等，器体偏小，玉质较细腻，通体打磨光滑，多为岫岩玉，与陶寺、石峁、齐家文化出土玉器有较多相同之处。石器分为磨制、打制、琢制3种。器类主要有斧、杵、刀、镞、凿、石饼、石核、刮削器等。斧体厚重，截面呈圆角矩形，刃部尖锐有疤痕，为永兴店文化典型器物。

3. 骨器

器类有镞、锥、针、笄等，多发现于壕沟和外城的墓葬内，其中骨锥、骨镞多发现于壕沟2，骨笄大多数出土于墓葬。均为磨制，器体偏小。

四、结语

后城咀石城是内蒙古中南部地区等级最高、规模最大的龙山时代石城，通过持续性的考古发掘，明确后城咀石城直入式的主城门结构与二里岗文化望京楼城址、偃师商城西三门址、夏家店下层文化辽宁北票康家屯城门址结构相似，转折式的入城路径与本地区同时期的下塔古城、陕西石峁古城转折式的入城路径相似。这种布局兼具北方地区和中原地区的双重特征，是内蒙古地区和中原地区考古学文化融合的结果，充分体现了内蒙古中南部地区在华夏文明一体化进程中和早期中国形成阶段所起到的重要作用。

1号瓮城出土的宽裆鬲、敛口瓮兼具本地永兴店文化和老虎山文化的特征，也有陕西石峁遗址、山西游邀遗址陶器的特征；2号瓮城内发现的土坯与仰韶文化青台遗址、良渚文化、屈家岭文化、后冈二期文化土坯特征相似；壕沟内出土的用于祭祀的猪下颌骨、玉器与中原地区出土的猪下颌骨、玉器功用相同，玉器的种类、材质与石峁、陶寺和齐家文化发现的一致。这些充分表明了距今4000年左右内蒙古中南部地区与石峁、陶寺、齐家等不同区域系统文化的互动交流，是中华文化多元一体的重要实证。

后城咀石城的主城垣、1号瓮城城垣、2号瓮城城垣以及马面、台基、墩台等建筑，与壕沟、地下通道构成了从城外至城内最为复杂、严密的城防体系。后世中原地区商代城址与其有相似性，说明中原地区吸收了北方城防体系中的文化因素，为早期中国的形成注入了强有力的文化基因。

■ 撰稿：党郁、孙金松、李亚新、徐婷婷、杨佳峰

ABSTRACT

The Houchengzui Stone ruins is the largest and most complex stone ruins of the Longshan Period in central-southern Inner Mongolia. Continuous archaeological excavations between 2019 and 2022 determined that the Houchengzui ruins had a sophisticated defense structure and prehistoric underpass system. The wares excavated had characteristics of both the Central Plains and Northern regions, which provided new material evidence for the study of prehistoric city defense structures of Northern China and communication and exchange of regional cultures.

山西省兴县碧村遗址

发掘单位：山西省考古研究院、北京大学考古文博学院、

山西大学考古文博学院、吕梁市文物考古研究所

碧村遗址位于山西省吕梁市兴县碧村村北，地处黄河和蔚汾河交汇处，东距兴县县城 20 千米，西离陕西省神木市石峁遗址 51 千米。遗址范围北起猫儿沟，南达蔚汾河，西抵黄河，东部以一道南北向的石墙为界，形成一个相对封闭的山城。城内面积约 75 万平方米，由东向西为城墙圪垛、

碧村遗址全景（东—西）

殿乐梁、小玉梁和寨梁上等四个逐级下降到入黄河口处的串珠式台地组成，主体年代以龙山时代晚期为主，下限可延续至二里头时代偏早阶段。

该遗址的考古工作始于 2014 年，调查确认了遗址核心区小玉梁存在大量石构建筑，并在城墙圪垛地点发现东城墙的线索；2015 年开展了首次试掘，确认了上述信息。此后，在"考古中国"重大研究项目"河套地区聚落与社会研究"和"中华文明探源工程（五）"等项目的支持下，开展了点、线、面相结合的系统考古和多学科协同攻关工作，持续实施了对遗址核心区小玉梁地点石构建筑群、外城门的全面发掘，对各重要地点进行整体勘探，推进了碧村遗址所在的蔚汾河流域

系统调查及黄河东岸晋西地区石城的复查。

一、主要发现与收获

截至 2022 年 12 月，基本完成核心区小玉梁及东门址发掘，揭露面积 5500 多平方米，确认了该遗址鼎盛期时是一处具有内、外双重城墙的石城聚落。借助遗址的天险，在其东部、中部各修筑一道纵贯南北、连接两端河沟的城墙，并设置大型城门，以控制进出入口。外（东）城墙及城门位于东部城墙圪垛地点，内城墙及城门位于中部的石门墕，核心建筑群则修建于地处内城之中的小玉梁地点。遗址初期以小玉梁一组南向排房为代表，衰落期则以外城门功能的丧失为标志。

该石城总体随东西走向的大地形布局；各地

小玉梁石砌建筑群基址（下为北）

小玉梁地点东北角房址及护墙（东南—西北）

点建筑（如城墙及城门）虽随行就势，但在方向、规制、结构等方面处处体现出设计的统一性、规范性。

1. 完整揭露核心区域石构建筑群

遗址核心区域小玉梁是一个四周砌筑护墙的高台，护墙内面积 3700 平方米，以 255° 为方向进行整体规划，修建了一批以连间房址为中心的石砌建筑群。该组房址坐东面西，共五间，位于台顶偏东部，占地面积超过 400 平方米，背后有大窖穴，迎面为中央广场，似一殿堂式建筑。以中间面积最大的 F2 为中心，两侧房址东墙向西依次缩进式排列，地面、墙面制作考究，圆形地面灶直径最大达 2.6 米，小者也有 1.6 米，部分墙面仅存规整石砌立面，还保留有厚厚一层经火烧烤的草拌泥层。

除了中心房址外，与其同时期的还有倚靠东北角护墙而建的大房址。东北角大房址面西，与石砌排房一致，早期为一大间，后期被分隔为四间，其中西北角设置了上下城墙的台阶，以作登高瞭望之用。其与东面 100 米处的内城门墩台形成良好的通视效果。

除台地西护墙基本不存外，东北、东护墙保

供上下的台阶

存较好。各墙体方向与房址基本平行或垂直，多采用两堵宽均为 1.6 米的石墙拼合而成。围墙南北长 72.5、东西宽 52 米。特别需要指出的是，小玉梁护墙宽度达 3.2 米，是所有墙体中宽度最宽的，比城墙（宽 2.4 米）还要宽一些，可见对该区域防卫的重视。

小玉梁出土遗物除了陶器外，还有一部分稀有的玉石器、铜器，以及制作精细的骨针，以行占卜之事。

上述以五连间房址为中心的石构建筑修建于公元前 2100 年左右，在公元前 1900 年之后，这五座房址地面和

小玉梁地点东墙南段保存情况

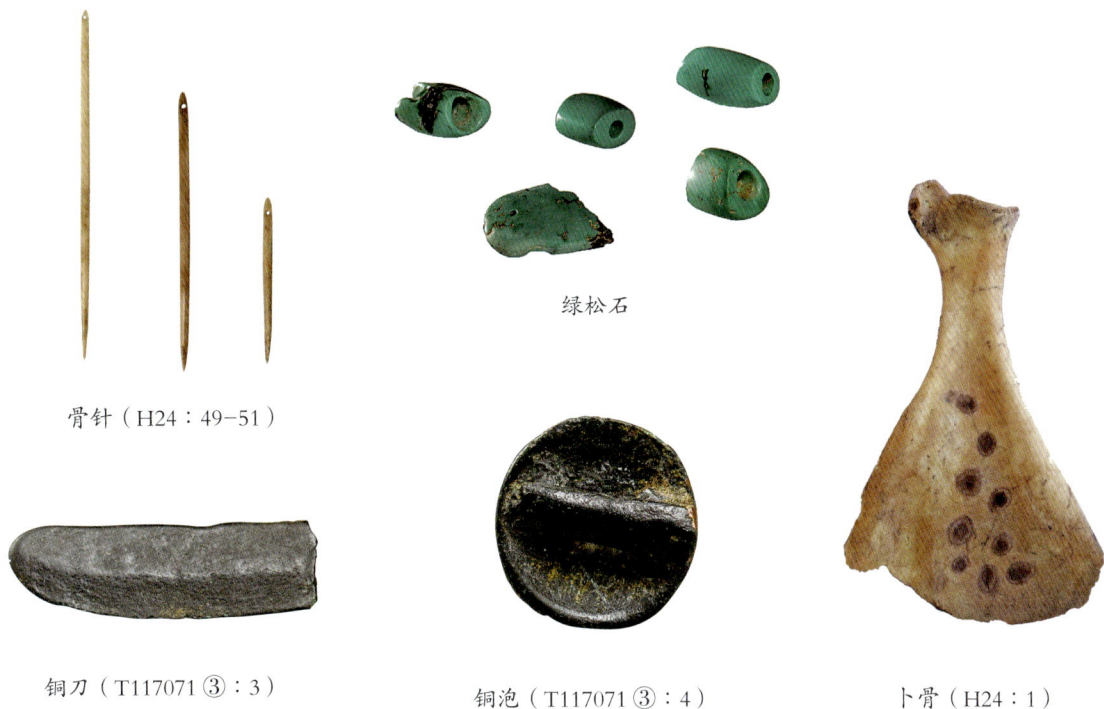

绿松石

骨针（H24：49−51）

铜刀（T117071 ③：3）

铜泡（T117071 ③：4）

卜骨（H24：1）

屋顶经过了反复的修整，与此同时，整个台地布局亦有调整，如东北角大房址被分隔为四个单元，直至公元前1700年左右基本废弃。

不过，在这组石砌连间房址出现之前，小玉梁地点已存在一批朝南的半地穴房址（公元前2200年前后）。

2. 发现结构严密、形制规整的大型门址

城墙圪垛地点是耸立于遗址东部的平台，属于外城墙及门址所在，西距小玉梁900米。城墙修建于台地东部，南北向，南接蔚汾河，北连猫儿沟，现存长度接近300米，宽2.4米，残高1.2米左右。门址位于其中部，整体南北跨度约74米，东西进深48米，由东、南、北3个呈"品"字形排列的石包土芯大墩台围合而成，采用分组、由里及外的砌筑方式，外侧加固墙体、立面规整并收边，细部结构包括南北门塾、夹道、内外两重瓮城等部分。瓮城中心已设置小型墩台及门塾，

两侧衔接障墙，组成曲尺形的微循环。通关进城时，需先绕过南北门塾及半圆形墩台外侧夹道，后进入第一重类似瓮城的封闭空间，迂回前行，再经过两道瓮城后，方可抵达城内。

整个城门墙体修建时，采用分单元由内向外、由北及南的建筑顺序；地基处理上采用垫高取平，修筑基础，出露地表后垂直收分向上砌筑的方式；南北夯土土心边缘采用垂直于墙体的小板夯筑而成。

在瓮城围墙夹角地面发现多处废弃的生活迹象，留有供炊煮等的生活用器，其中有盛储、炊饮等成套陶器，个别围绕方形条石分布，包括鬲、管流盉、敛口瓮、蛋形瓮、高领罐、双耳罐、大口尊、圈足盘等生活陶器，还有石锛、石镞等石器。个别墙角附近残留有灰堆且墙面经过火烤，这与小玉梁地点F5内部塌落的炭化木柱、东北角房址墙面被火烤红的情况类似，证实在其废弃时有

东门址（北—南）

不同程度的过火现象。

此外，在西距小玉梁约 100 米的石门墕，勘查发现了遗址内城墙，与东部的外城墙门址类似，主要由一南北向城墙与大型墩台组成，其间留有进出豁口。

内、外城门主要的兴废年代与小玉梁石构建筑基本一致，公元前 2100 年前后修建，公元前 1900 年外城墙城门功能丧失，碧村遗址进入衰落期。

二、初步认识

1. 多角度揭示黄河岸畔先民生活

通过古地貌、碳氮同位素、动植物、冶金、土壤微结构、可视域等方面的分析显示，碧村遗址先民择居的一个重要因素是主梁的交通便利性，且龙山时代河谷与目前落差不足 10 米；而农业方面当时经营以粟为主、黍为辅的旱作经济，大量养殖猪、羊、牛；在小玉梁这类高等级区域还存在食用水稻、尚玉占卜的现象，晚期使用红铜或铅锡含量较低的铅锡青铜制品，如刀、泡等工具和饰品；碧村遗址先民偏向在出露基岩的河沟附近采石筑城，也有个别使用土坯墙代替石块砌筑的情况；当地居民普通陶器制作的专业化程度并不高；在可视域上，东部的外城门更强调对城外环境的监视，内城门则有内外兼顾的效果。

南墩台东墙现状

北门塾

东墩台及外侧夹道

2.明确晋西高原石城的空间分布规律

通过对碧村所在蔚汾河的系统调查，确认了各类遗址分布情况。从调查结果来看，此类龙山石城多位于蔚汾河北岸向阳的山梁上，沿河南岸背阴之处遗址较少见，且面积较大者多流行石构建筑，附近常见裸露的基岩。这些石城两两相距多在5千米左右。规模最大者为蔚汾河中游的白

崖沟石城，面积达120万平方米，年代略早于下游的碧村遗址；其他遗址面积均较小，多在几万平方米。

为进一步了解这类石城在晋西高原的空间分布，2014年以来，我们陆续对以往一些重点遗址进行复查，已发现石城20余处，明确了这类石城的分布范围，即北抵与内蒙古清水河县相邻的

瓮城墙角的条石及周边器物组合

城门地面出土陶器

偏关一带，南至石楼县，其范围与晋西高原晚商青铜器的分布基本一致，在宏观空间上与内蒙古中南部、陕北石城基本连成一片，形成了一个围绕黄河两岸集中分布的石城文化带。

三、意义与价值

碧村遗址小玉梁地点鼎盛期的聚落形态，首次系统呈现了该类石城核心区建筑布局，展现了较为明确的中轴设计理念，为了解这一时期石城核心区建筑规划提供了典型案例。

东门址对称布局的双瓮城设施，是目前所见史前布局最为规整、结构最为严密的一座门址，开创后世黄河流域双瓮城设计的先河，也为早期城门复原研究提供了重要参考。

该遗址是公元前 2000 年前后晋陕大峡谷东岸蔚汾河流域及周边区域的中心，与同期盛极一时的石峁古国在时空上遥相呼应，结合苏秉琦先生对英金河流域 300 座石城功能及社会性质的判断，碧村层层设卡、处处把关、谨慎布防的结构，彰显了浓厚的防御色彩，展现了矗立于黄河东岸的该遗址的特殊防御及枢纽作用，这为解读天下万国时代晋陕黄河两岸地区的政治结构和文明形态提供了关键材料。

碧村遗址的发掘及黄河东岸大量石城的新发现，扩展了以鬲、斝、瓮为代表的石城文化圈范围，为探索河套地区与晋南、辽西等半月形石城地带的文化交融，揭示中华多元一体文明的早期发展轨迹打开了新窗口。

■ 撰稿：张光辉、王晓毅、石晓润

ABSTRACT

The Northwestern region of Shanxi is an important Y-shaped cultural corridor of prehistoric China, connecting Shaanxi, Inner Mongolia and southern Shanxi. The Bicun site is located at the mouth of the Yellow River, making it a very strategic point in the region. Since 2014, systematic archaeological work focused on the Bicun site on the banks of the Yellow River uncovered the core areas of the site, and determined the basic shape of settlement, marking a breakthrough in understanding the relationship between the stoned ruins of the Yellow River region in Shanxi and Shaanxi during the late-Longshan period.

夏文化研究项目

"夏文化研究"项目旨在全面复原公元前 2300 年至公元前 1600 年间夏文化的诞生背景、社会历史、文明成就、政治结构、国家体系，解决夏文化在中华文明多元一体化总进程中的历史地位和作用等重大学术问题。2022 年夏文化研究多数课题在基础文献和资料梳理、田野考古、样本提取、检测分析、研究成果方面取得重要进展。

　　出版《夏文化考古文献存目》，综合梳理了夏文化研究文献。对二里头等多个遗址的关键遗迹提取、检测 100 多份 ^{14}C 样品，以更精细地探讨夏文化的绝对年代。应用新思路、新方法探讨环嵩山地区成为城邑汇集、文化重心的地貌和气候原因及重心的变动情况。新研究表明：夏代资源由周边、普通聚落向王都、中心汇聚；手工业生产日益专业化、体系化，特别是青铜容器的出现，极大地推动了夏代社会的发展。

　　夏文化重要遗址的聚落形态考古有序推进，在整体布局、重要内涵及王权发展特征研究等方面取得重要进展。安徽禹会村城址确认外城"两壕夹一垣"的结构。山西陶寺遗址首次发现宫殿始建时期的祭祀坑、特殊"凌阴井"和新的早期夯土基址。陕西太平遗址确认为面积不小于 100 万平方米的东、西两个环壕聚落，发现夯土台基和随葬玉璧或玉环的墓葬。河南余庄新发掘 5 座大墓，个别墓葬随葬有同种 9 件器物，有殉人、列器等，表现出等级差异，体现了较严格的丧葬礼仪制度，东部新发现疑似环壕。河南王城岗大城中北部疑似存在宫殿，东北部再次发现祭祀遗存。瓦店遗址中发现多条壕沟类遗存，是聚落布局的新突破。新密古城寨城址新发现平面近长方形的大型夯土建筑，或为二里头宫殿建筑的源头。淮阳朱丘寺疑似城址内发现与时庄遗址粮仓类似的圆形建筑。

　　二里头都邑祭祀区西侧新发现的主干道路和两侧的夯土墙、夯土基址及其院中多座墓葬，进一步明确了多网格式布局和"居葬合一"的布局形态。二里头遗址北邻的古城村遗址，确认了不晚于二里头文化四期晚段的东西向壕沟。方城八里桥遗址新发掘出夯土和长约 200 米的东西向道路。山西东下冯遗址新发现丰富的冶铜、铸造遗存和绿松石管珠等遗物。

　　对经济格局和贸易网络的研究发现，为取得礼器以及相关原料，二里头新兴国家采取了多样化的政治、经济策略。体质人类学和锶同位素研究表明，二里头遗址人群来源比较多元：多数可能来源于中原龙山文化人群，并与商周时期人群联系密切，少量属于外来移民。二里头先民生前长期跪坐，脚趾骨存在"跪踞面"，是龙山文化到殷墟时期黄河中下游地区多见，而其他地区较少见的行为。

　　对国家发展模式及治理体系的研究表明，在重世俗、重管理的传统"中原模式"基础上，中原先民广泛吸收多元因素，不断探索有效的组织和管理模式，兼收并蓄，深度融合，创新发展，诞生了先进的早期国家政治体制，开启了夏商周三代文明。

　　各课题取得的一系列新进展，进一步丰富了夏文化的内涵，推动了对夏文化兴起的环境状况、生业形态、社会结构、治理模式、相互关系等问题的认识。

■ 撰稿：赵海涛

河南省洛阳市
二里头遗址

发掘单位：中国社会科学院考古研究所

一、工作概况

近年来，二里头遗址考古的中心工作是探索二里头都城的布局。2019～2020年，发现宫殿区南北两侧的东西向道路向西延伸分别超过440米，均超过宫城的东西宽度（295米左右），且继续向西延伸，推测作坊区、宫殿区、祭祀区以

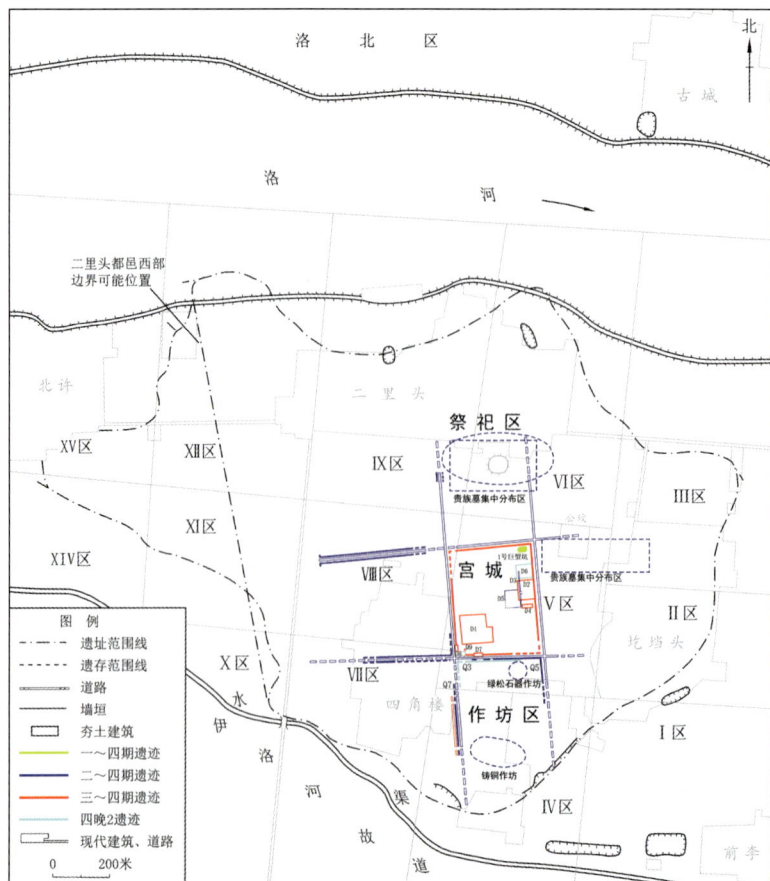

二里头遗址布局示意图

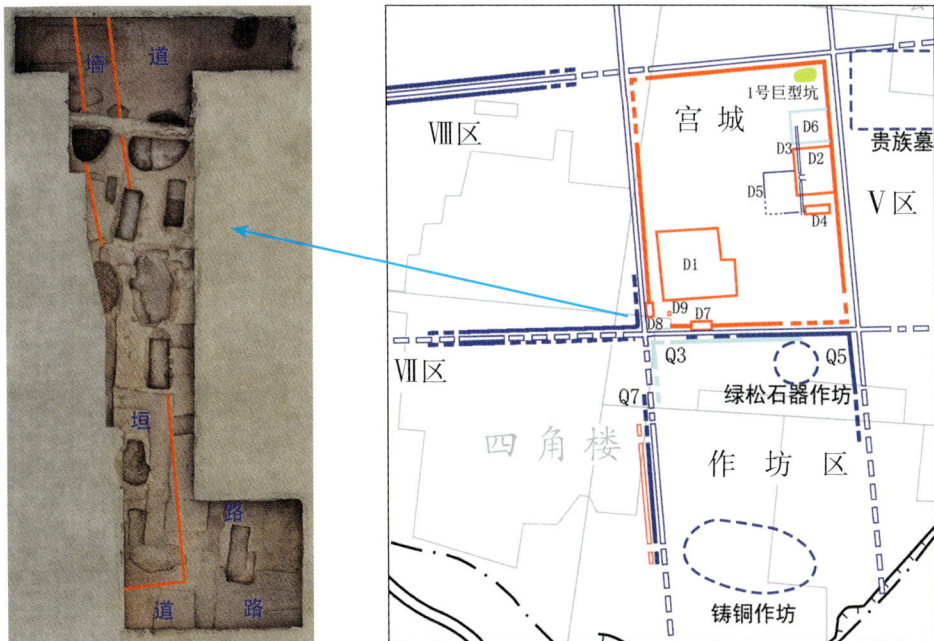

宫城以西区域东南角新近发现的围墙和道路

西至少各存在一个分区；道路的两侧均有宽约 2 米的长条形夯土墙。这些发现初步揭示二里头都城为网格式布局。

在此基础上，继续扩大追寻范围，新发现更多道路及其两侧墙垣，为二里头都城多网格式布局提供了更多证据。首次发现较丰富的制陶遗存和骨器、角器加工作坊现场，新发现疑似漆器加工作坊，这是手工业考古和城市布局研究的重要突破和填补空白的新收获。在祭祀区以西新发现贵族与平民"居葬合一"的布局形态，深化了对二里头都城布局、不同分区的内涵和性质的认识。

二、主要收获

1. 新发现更多道路及两侧墙垣，进一步确认二里头都城为多网格式布局。

2020 年秋季至今，新发现宫城以西区域围墙的东南拐角，东南角近直角，内侧被破坏较多；新发现宫西路向北延伸至祭祀区西侧民房处，长度超过 300 米，且继续向北延伸，道路东西宽约 17 米，道路两侧均有宽近 2 米的长条形夯土墙。发掘区的道路和夯土墙南北长 25 米，且向南北延伸。发掘区内靠近西侧夯土墙的道路上，平整铺垫有较小的陶片。因被后期破坏，残留下的陶片范围不规则，南北最长约 19 米，东西最宽约 2.9 米。陶片多长约 3 厘米，似为统一加工至这样较小的尺寸，以利用较小陶片较平整的特点进行铺垫，陶片多在一近似平面上。

宫西路向北，在其东侧发现夯土墙，应为祭祀区西侧的围墙，残宽约 1.5 米。因尚未解剖，厚度暂不明。宫西路向北，在其西侧发现的夯土墙，应为祭祀区以西区域的东侧围墙，宽约 1.9 米，方向为北偏西约 7 度。夯土多为红褐色，土质坚硬，夯层较明显，每层厚约 8 厘米。

祭祀区以西区域已发现南侧、东侧的夯土墙，宫城以西的区域已发现北侧、东侧和南侧的墙垣以及东南拐角，作坊区以西的区域已发现北侧、东侧的墙垣。

2.新发现陶器、骨器、角器和疑似漆器加工作坊，是都城布局和手工业考古的重要突破。

首次发现较丰富的制陶遗存，包括制陶工艺的多个阶段。2020～2021年在祭祀区以西300米左右处，发现较大面积、堆积丰富的制陶有关遗存，包括存泥坑、泥坯、陶垫、修整工具、

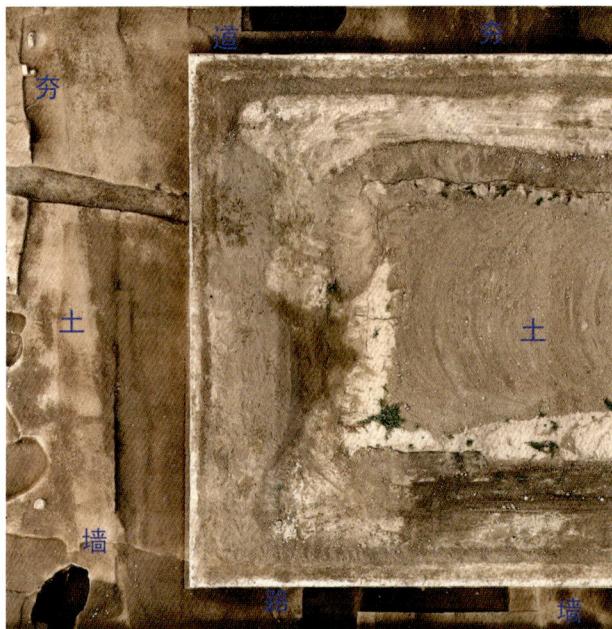

祭祀区西侧的道路和墙垣

祭祀区以西的道路及其西侧墙垣

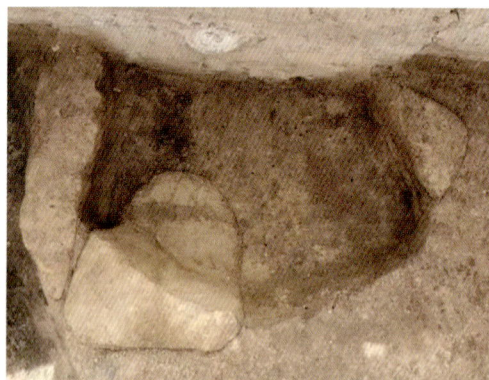

制陶作坊的泥料及存泥坑

制陶作坊出土的陶器泥坯

陶窑

制陶作坊出土的陶垫

制陶作坊出土的变形陶器

陶陀螺形器

陶窑、烧土、炉渣、变形陶器和大量碎陶片等。2021年在遗址北缘西部发掘区中部发掘出一座二里头文化二期陶窑，仅存底部的火塘部分，火塘平面呈马蹄状，窑箅及其上的窑室缺失。火塘及窑柱外表面均为已完全烧结的青灰色硬面，最厚达5厘米。窑壁外有厚14～22厘米的红烧土面。陶窑近旁的废弃堆积中发现较多红烧土、灰烧土块，并发现多件陶垫、多块深腹罐泥坯。据此，推测祭祀区以西和遗址北缘西段可能各存在一处制陶作坊。

宫城西南角的一处灰土堆积面积约100平方米，深近3米。在打破灰土堆积的现代墓葬四壁可见较多带切割痕迹的骨、角料，灰土堆积的表面散落大量骨、角质遗物，有动物肢骨、肋骨、牛角、鹿角等，遗物种类有原料、半成品和废料，有锥、镞、簪等成品，包括了骨、角器加工过程中多个环节的遗物，遗物中有不少砸击、切割、磨制的痕迹。有的原料、半成品、成品成组出现，可能是骨、角器加工现场。堆积中也有较多陶片，器形有深腹罐、尊、圆腹罐等，陶片的时代多为二里头文化四期晚段。根据上述情况，初步推测这是一处二里头文化

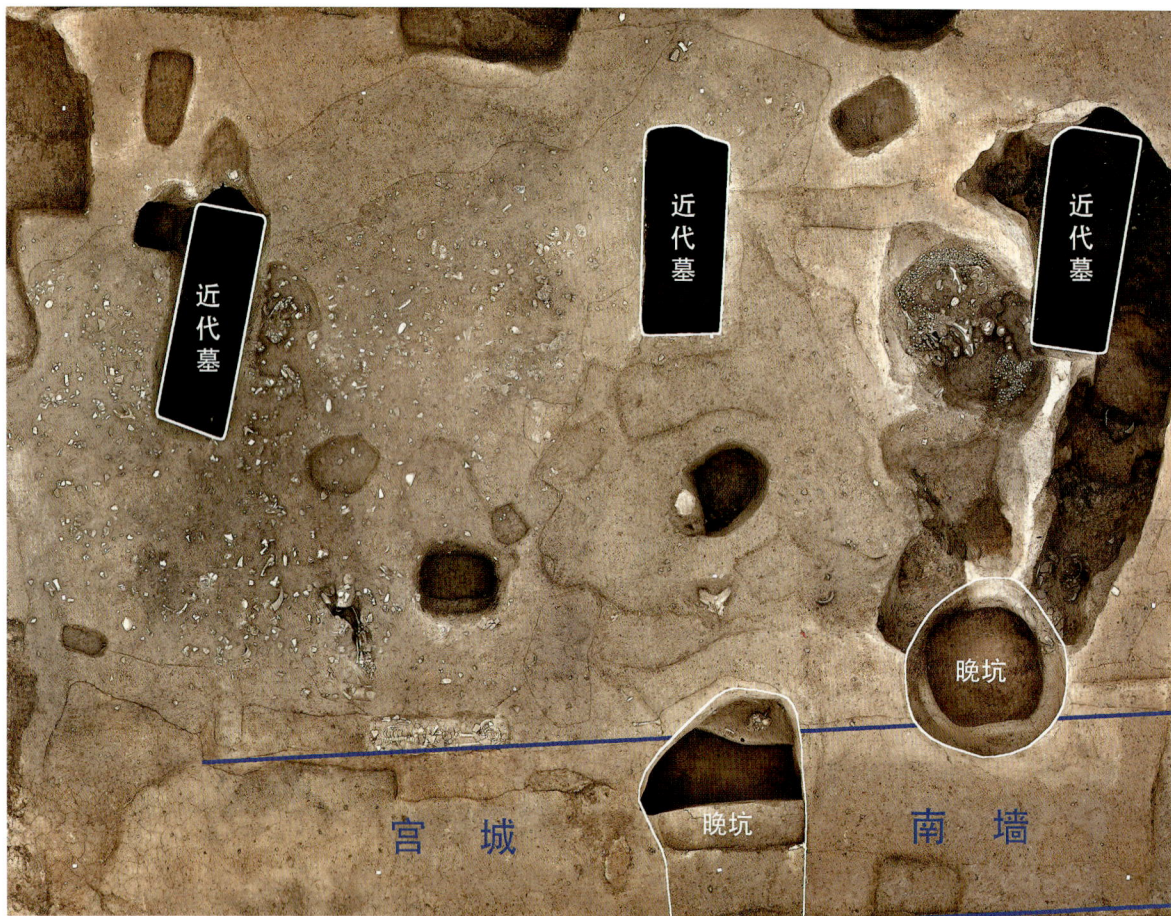

骨角器加工作坊

晚期的加工骨器、角器的作坊。

新发现可能与漆器加工有关的遗存。2021年在二里头都城北缘西部发掘区发掘出土800多片外表带有红漆的陶片,仅其中一个灰坑即出土了近200片。这些带漆陶片多为陶盆残片,一些残片内外壁、断茬多见红漆,可能为盛装漆液的容器。

3. 在祭祀区以西发现贵族居住、墓葬区以及非正常埋葬墓葬。

在"井"字形道路划分的祭祀区以西网格中,新发掘多座墓葬和灰坑,时代为二里头文化二期至四期。新发现的夯土基址的时代为二里头文化三、四期,其范围、布局仍在探索过程中。夯土基址的院中发现多座同时期的墓葬,其中一座墓葬宽1.30米,出土铜器和玉器等较高规格遗物,较为重要。夯土基址南侧80余米处,发现2座墓主骨骼不全但随葬陶器的墓葬,还有1座多人乱葬的合葬墓,以往均较少发现。

墓主骨骼不全的2座墓葬,均为仰身葬式。东侧的墓主仅见胸骨、脊椎、盆骨,胸骨在北侧,盆骨在南侧,肩部以上、盆骨以下缺失,上肢也不全。随葬圆腹罐、器盖、尊、盆和盆形鼎等残片,时代为二里头文化四期晚段。西侧的墓主仅见胸骨至下肢骨的上半段,胸骨在南侧,下肢在北侧,仰身直肢。随葬陶平底盆、豆和鼎各1件,均放置于上肢骨之上。这两座墓葬的墓主或被砍头、截肢,表明当时存在暴力现象。

骨角器加工作坊局部

骨角器加工作坊局部

遗址西北部出土的带漆陶片

骨器

骨贝

三、初步认识与价值

1.新发现的道路及其两侧墙垣所揭示的二里头都城网格式布局，是二里头都城布局探索的一项重大突破。

中心区的主干道路及其两侧的墙垣把二里头都城划分为多个方正的网格区域，表明极可能已出现了宫城居中、显贵拱卫、分层规划、分区而居、

区外设墙、居葬合一的布局。这是二里头都城布局考古中的一项重大突破。二里头都城这样严谨、清晰、规整的规划布局，显示当时的社会结构层次明显、等级有序，统治格局秩序井然，暗示当时有成熟发达的规划思想、统治制度和治理模式，是二里头进入王朝国家的最重要标志。

2.手工业作坊的新发现、新突破，填补二里头都城布局和手工业考古的空白。

之前六十多年，二里头遗址仅发现分布较零散的10余座陶窑、少量陶垫，对陶器加工作坊及工艺流程了解较少；曾认定两处加工骨器、角器的作坊，系早年发现，现场情况不明；发现的带漆陶片数量少且分布零散。新发现的带漆陶片数量为以往历年发掘出土带漆陶片总量的近20倍，实属罕见，这提示遗址北缘西段可能存在制漆作坊，是寻找制漆作坊的重点区域。陶器、骨角器、漆器手工业作坊的新发现、新突破，填补了二里头都城布局和手工业考古的空白，为探索

这些作坊的分布，陶器、骨器、角器、漆器手工业的加工工艺、流程、特点，社会关系和社会分工等问题，进而研究二里头都城手工业生产与二里头王国的政治、文化之间的关系提供了重要材料。骨、角器加工作坊位于宫城西南角、1号基址近旁，其具体年代、与1号基址的关系等问题，对探讨当时的城市布局、规划理念和二里头文化最晚阶段的政权兴替等重要问题至关重要。

3. 祭祀区以西的居住、墓葬资料的新发现，丰富了二里头都城的内涵，深化了对该网格区域的认识。

祭祀区以西夯土建筑、贵族墓葬共同出现，表明该区域为贵族居住和墓葬区。与以往在宫殿区和其他区域的同类发现一样，再次证明了二里头文化盛行"居葬合一"的布局形态，是龙山文化晚期"居葬合一"布局形态在早期王国都城的强化和提升。乱葬等有暴力现象的墓葬与夯土建筑和随葬有青铜容器的贵族墓葬同处一区，相距不远，表明该区域人群包括贵族、平民和更低身份的人员。这些重要的新发现，丰富了二里头都城的内涵，有助于了解该区域的布局及历时性变化情况、自身特征及与其他区域的区别和联系，以及当时的社会组织结构、社会关系等问题。

■ 撰稿：赵海涛

ABSTRACT

Between 2020 and 2022, new discoveries of several urban roads and rammed earth walls gave new insights into the layout of the Erlitou site. Other discoveries include possible lacquerware workshops, and for the first time, a bone and horn processing workshop, as well as abundant pottery relics. These discoveries yielded new developments in the archaeology of prehistoric handicrafts and urban layout. A layout of the residences and burials shcred by nobility and commoners were discovered to the west of the ritual area, giving new understanding to the meaning and properties of urban zones.

其他研究项目

2022 年，"考古中国"重大项目在推进"西藏考古工作规划""河套地区聚落与社会研究""夏文化研究"等项目外，在其他领域也有重点地组织开展工作，深化了对早期人类演化、商文明发展和中国统一多民族国家融合及发展进程等课题的阐释。

旧石器考古与早期人类起源研究获得重大发现。湖北十堰市学堂梁子遗址发现了距今约 100 万年的"郧县人"3 号头骨，这是欧亚内陆迄今发现的同时代最为完好的古人类头骨化石；河北蔚县下马碑遗址揭露出距今 4 万年至 2.6 万年之间的文化层，约 4 万年前的研磨赤铁矿颜料遗迹、捆绑装柄镶嵌使用的微小石片等证据显示该遗址的早期人类已经有了技术和行为复杂化的表现；河北泥河湾遗址群近年来开展了大规模的考古调查、发掘与研究，广义泥河湾盆地遗址发现数量接近 500 处，逐步构建起泥河盆地距今 176 万年至 1 万年间旧石器时代文化序列的框架。这些发现与研究串联起华北地区超百万年的古人类文化发展序列，为探讨东亚古人类演化模式等重大课题提供了翔实而关键的化石及文化证据，阐述了东亚地区古人类的演化及其与环境互动的过程。

商代文明与甲骨文研究取得重要进展。河南省郑州市商都遗址发现一处结构与功能明确、具有整体系统性的商代白家庄期高等级贵族墓地；河南省安阳市殷墟遗址发现了围绕商王陵园的隍壕，确认了王陵区的范围，获得了区域地下文化遗存的系统埋藏信息；殷墟周围地区揭示出殷墟核心区之外，与洹北商城、殷墟属于同一时期的聚落城邑和大型、特大型手工业生产基地；一百多年来，甲骨学研究日渐繁荣，甲骨文字考释、分期断代研究取得了诸多重要进展，甲骨文资料的全面整理和缀合成就超越以往，成果丰硕。这些发现将推动对商代贵族墓葬丧葬礼制、商文化、商史的研究，对重建中华文明的信史发挥着独特而重要的作用。

中华民族统一与融合进程及对外交流研究获得新收获。云南省昆明市河泊所遗址发掘出土大量封泥和简牍，是西南地区目前出土数量最大的一批汉代文书资料，为研究汉代西南边疆治理提供了直接的证据；河南省开封市州桥及附近汴河遗址首次完整揭露出了唐宋至清代汴河开封段的修筑、使用、兴废等发展演变过程，其中，州桥石壁是目前国内发现的北宋时期体量最大的石刻壁画；浙江省温州市朔门古港遗址揭露出两宋时期的码头、沉船等遗迹，出土数十吨的瓷器残件，重现了宋元温州港的一片繁华景象。这些发现揭示了边疆云南地区最终融入中华统一多民族国家的历史发展进程，再现了都城、运河、海上丝绸之路的发展过程与文化艺术的发展高度。

这些项目在实施过程中吸收了最新考古学理论，采用了更加精细的发掘技术和方法，信息提取更为全面，科技手段的应用不断深入和创新。考古工作者充分发挥考古学的本体作用，推动多学科的综合研究，践行着将中国文明历史研究引向深入、提高民族文化自信的使命。

湖北省十堰市
学堂梁子遗址

发掘单位：湖北省文物考古研究院、中国科学院古脊椎动物与古人类研究所、
武汉大学、郧阳博物馆、十堰市博物馆

一、工作缘起

湖北省十堰市学堂梁子遗址因于1989、1990年发现2具直立人头骨化石（俗称"郧县人"）而闻名，是一处集古人类化石、古动物化石和石制品于一体的重要旧石器时代遗址，埋藏人类化石的地层时代在以往的工作中被测定为距今110万~80万年。但受当时技术水平限制，早期的发掘未能很好地提取年代、埋藏、古环境、古气候等很多关键信息，导致相关研究结论一直存在争议。

为解决早期发掘与研究所遗留的有关"郧县人"确切的体质形态、生存时代和遗址性质等学术问题，并为建设考古遗址公园、活化历史场景创造条件，经国家文物局批准，2021年起，湖北省文物考古研究院联合中国科学院古脊椎动物与古人类研究所、武汉大学等单位，组成多学科交叉的考古团队，对该遗址开展新一轮考古发掘与研究。

二、遗址概况

学堂梁子遗址位于湖北省十堰市郧阳区青曲镇弥陀寺村，坐落于汉江北岸，曲远河口西边。东北距青曲镇约10千米，东距郧阳城区约40千米。遗址位于北纬32°50′30″，东经110°35′131″，海拔高程160~287米。遗址保存面积约190万平方米，主体位于汉水北岸的第四级阶地。阶地在基座之上保留厚层的第四纪堆积，多数部位厚度超过8米，局部厚度超过18米，保存了100多万年来不同时期的地层堆积。

在本次工作中，为保障考古发掘的质量和文物安全，在遗址上修建了温湿可控、设施齐全、功能完备的考古方舱和考古工作站等。同时，为了使考古发掘更加科学、系统、规范和可持续，考古队引进了考古发掘数字管理平台、ArcGIS系统和国际通用的旧石器时代遗址发掘与记录方法，对遗址重新划分地点和发掘区，纳入新的布方与测控系统。在发掘中，精准提取人类化石、动物化石和石制品的出露形态和分布、埋藏、地层信息，系统提取遗址地层沉积、古环境变化和年代序列分析测试样品。未来将综合开展考古学、古人类学、地质学、古环境学和多手段的年代学分析，以及基于断层扫描、三维成像和空间形态测量的形态特征大数据矩阵的系统发育学及可能的遗传学研究，全面获取"郧县人"头骨的形态、结构、遗传及与其

遗址远景局部（东南—西北）

共存的文化遗物、遗迹所富含的珍贵科学信息，揭示其在人类演化阶段和文化发展地位上的科学价值和社会意义。

本次工作以山梁为基本地貌单元把遗址分为若干地点，各地点又分为若干发掘区。学堂梁子为第一地点（Loc.1），第一地点又分为 A、B、C、D、E 五个发掘区，总基点为 N400E400，布 1 米 ×1 米探方，正北方向。2021~2022 年的两次发掘主要在 B、C、E 区进行。

三、发掘收获

（一）地层与遗物

1. C 区

C 区位于第一地点四级阶地最高处的总基点附近，布设 105 个探方，发掘面积 105 平方米。目前共揭露 6 个自然层，深约 4 米，未到底。第①层为现代扰动层，粉砂质黏土。第②层为棕色粉砂质黏土，出土少量石制品和一些作为储料的砾石。第③层为红棕色粉砂质黏土，出土较多石制品。第④层为红棕色粉砂质黏土，出土一定数量的石制品。第⑤层为黄棕色粉砂质黏土，出土石制品。第⑥层为红棕色粉砂质黏土，发育少量姜状钙质结核，刚显露。

C 区第②~⑤自然层为该遗址首次揭露的层位。每个层位都分布有一定数量的石制品，目前已出土 83 件，包括砍砸器、刮削器、石核、石片和搬入砾石。出土石核大部分保留自然台面，以锤击法为主要剥片方式；小石片与大石片并存；工具的修理加工方法以锤击法为主。C 区作为四级阶地最高点，保存了最完整的地层堆积，新发现的层位延长了该遗址的地层和文化序列，对于

A：1990-1995年
B：2021年、2022年
C：2021年、2022年
D：2007年
E：2021年、2022年

第一地点发掘位置

考古方舱内景（B发掘区）

C 区、E 区出土石制品

1.C18 石片　2.C3 石片　3.C14 石核－砍砸器　4.C13 石核　5.E31 石片　6.E28 石核

7.E43 石核　8.E117 刮削器　9.E65 两面器　10.E100 两面器

B区出土动物化石分布情况

探讨遗址完整的地层、年代和文化发展具有重要价值。

2. E区

E区位于第一地点三级阶地的油坊梁子东端，布设126个探方，发掘面积126平方米。目前共揭露3个自然层，深约1.6米，未到底。第①层为深棕色粉砂质黏土，耕土层。第②层为棕褐色粉砂质黏土，出土较多手斧、手镐、砍砸器、刮削器、石核、石片、搬入砾石等石制品。第③层为棕红色粉砂质黏土，出土砍砸器、刮削器、石核、石片和搬入砾石等石制品。

E区已出土旧石器时代较晚阶段的石制品148件。所出土的石核大多数保留自然台面，以锤击法为主要剥片方式；小石片与大石片并存；工具的修理加工方法以锤击法为主，发现以大石片为毛坯单向加工而成的刮削器以及以砾石为毛坯双向加工的类手斧工具。E区的发现进一步延长了本区域的古人类活动史，对于探讨本区域旧石器文化技术演进和构建本区域更加完整的旧石器文化序列具有重要价值和意义。

3. B区

B区位于遗址核心区，紧靠出土"郧县人"1号和2号头骨的A区。新一轮发掘在此共布设203个探方，发掘面积203平方米。目前共揭露3个自然层，深35~65厘米，未到底。第①层为耕土层。第②层为深棕色黏土质粉砂层。出土少量石制品和作为储料的砾石26件，还发现少量动物化石，种类有貘、鹿、猪等，化石分布较零散。第③层为黄棕色黏土质粉砂层。出土少量石制品和作为石器原料而搬入的砾石；出土"郧县人"3号头骨和丰富的哺乳动物化石，化石大多包裹在坚硬的钙质结核中。

B区出土的石制品主要是石核、石片和一些古人类搬运至遗址的石料。石核绝大部分为自然台面，单面单向剥片，以锤击法为主要剥片方式；石片尺寸普遍较小，未见大石片。出土的动物化石呈杂乱块状或条带状聚集分布；部分骨骼化石保留了原始连接状态，表明这些化石被原地埋藏或未经过长距离搬动。经初步观察，动物种类有猴、虎、鬣狗、剑齿象、犀牛、野猪、小猪、貘、鹿、牛、马等，总体属于早更新世晚期森林型动物群。

B 区出土石制品

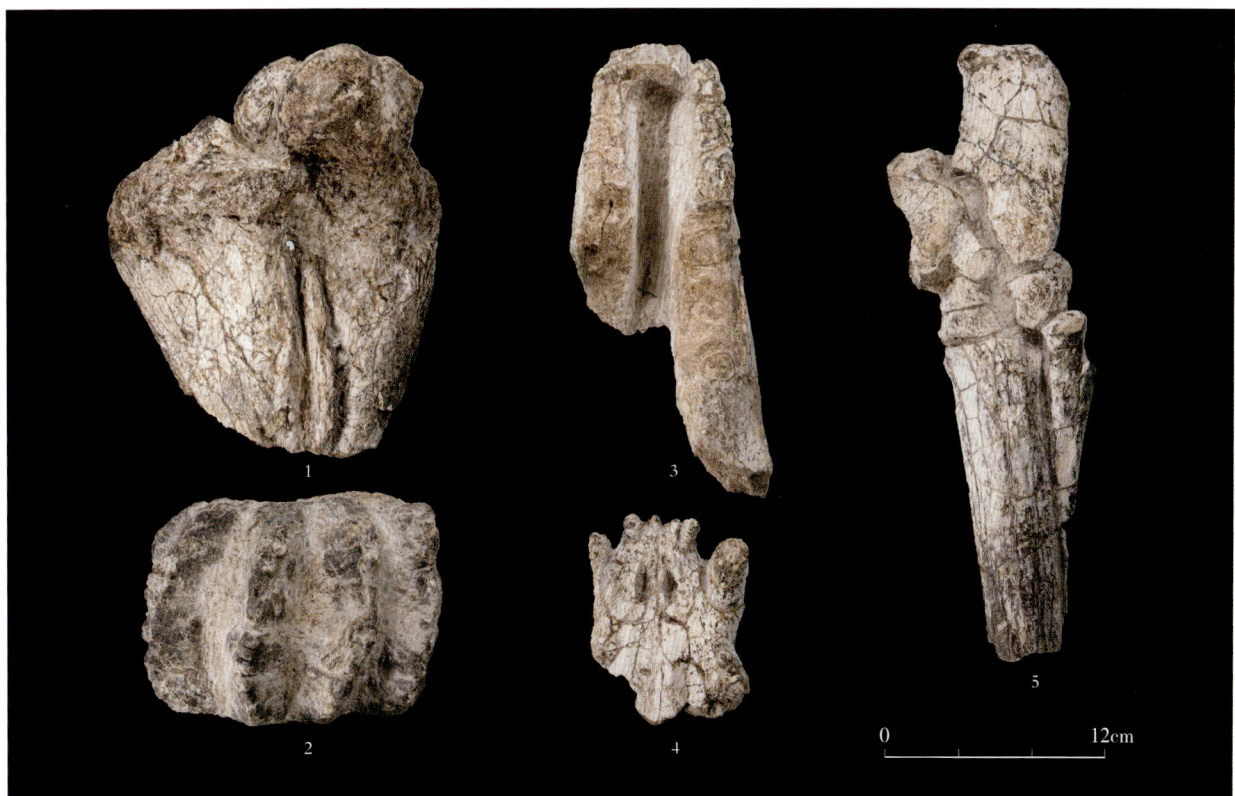

B 区出土动物化石

1. 肢骨　2. 剑齿象臼齿　3. 貘下颌骨　4. 虎上颌骨　5. 跗骨

"郧县人"3号头骨出土情况

（二）"郧县人"3号头骨

2022年5月18日，"郧县人"3号头骨面世。新发现的"郧县人"3号头骨埋藏在B区第③层黏土质粉砂层中，保存完好，形态清晰，具有直立人的体质特征。难能可贵的是，3号头骨形态基本正常，没有发生明显的变形，所能提供的性状信息比以前发现的两具头骨更丰富而真实，能在很大程度上弥补前两具头骨变形的缺憾。

"郧县人"3号头骨面世后，考古队制定了科学周密的工作方案，采用最新的田野考古规程和前沿科技手段，多学科联合攻关，对埋藏头骨化石的部位及时进行了扩方发掘。2022年12月3日，"郧县人"3号头骨被顺利提取出土，进入修复和研究环节。历时半年多，在4平方米的头骨发掘探方区内，将1平方米的探方分为4个亚方、以每2厘米为一个操作层进行精细发掘；围绕人类化石和其他遗存，系统采集了1400多份用于年代、环境、埋藏、残留物和分子生物学分析等多学科研究的沉积样品，拍摄了20多万张高清照片，对每个发掘层面、重要遗迹和遗物

出露现场都做了高清晰度的实景三维建模，留取了海量的发掘图片、影像与数据资料。

发掘所揭示的人类化石的空间位置、埋藏情况和沉积物信息，以及所展开的地层对比分析皆表明，"郧县人"3号头骨与以前出土的1号、2号头骨位于同一套地层中。地貌位置、地层序列和伴生的哺乳动物化石显示，人类化石埋藏于早—中更新世地层中。以前采用电子自旋共振、铀系法、古地磁方法测年指向距今约100万年，新的取样和多方法测年将会得出更精确的年代数据。

四、学术价值

"郧县人"3号头骨是欧亚内陆迄今发现的同时代最为完好的古人类头骨化石，保留了该阶段人类重要而稀缺的解剖学特征。该化石处在古人类近200万年演化历程的中间和关键环节上，为探讨东亚古人类演化模式、东亚直立人来源、东亚直立人与智人演化关系等重大课题提供了翔实而关键的化石及文化证据。本次发掘收获为实证中华大地百万年的人类演化史，讲好东方人类故乡先民演化和文化发展的故事，提供了关键节

点的重要依据与信息。

学堂梁子遗址所在的秦岭及汉水中上游河谷是我国也是世界非常重要的人类演化圣地。在陕西蓝田上陈村附近发现的约212万年前、非洲之外年代最早的石制品，距今163万～115万年间的公王岭蓝田猿人头盖骨，在湖北境内发现的约100万年前的郧县直立人和大约同期的梅铺直立人、约50万年前的白龙洞直立人、约10万年前的黄龙洞早期现代人和150多处旧石器时代各时段的考古遗址，都分布在这一地区，它们构成了200万年以来人类迁徙演化的廊道。这些遗存表明该地区在远古不同时期发生过不同人群频繁的迁徙与狩猎－采集活动。

■ 撰稿：陆成秋、高黄文、钟倩

ABSTRACT

In 2021, a consortium of institutions across disciplines restarted the excavation of the Xuetang Liangzi site, facilitating the development of the site park and exploring related academic problems. On May 18, 2022, the third "Yunxian Man", a 1 million-year-old skull, was discovered. The skull was the most intact hominid skull fossil found in the Eurasian continent to date, and preserved important and scarcely seen anatomical features of humans at this stage of evolution. The skull will have filled the gap left by the two previous skull fossils, which had been regrettably deformed. The Xuetang Liangzi site also yielded abundant stone artifacts and animal fossils.

河北省蔚县
下马碑遗址

发掘单位：河北省文物考古研究院、中国科学院古脊椎动物与古人类研究所、蔚县博物馆

一、工作缘起

冀西北的泥河湾盆地古人类文化遗存丰富，发现旧石器时代不同阶段的遗址数百处，是东亚地区旧石器遗址分布最密集、延续时间最长、文化序列最完整的地区。2000年以前，旧石器考古工作主要集中于狭义的泥河湾盆地（阳原盆地）内，大概相当于河北省张家口市阳原县域的范围，主要发现也分布于该区域。

为探索了解周围区域古人类文化遗存的分布状况，特别是寻找旧石器时代向新石器时代过渡阶段的遗存，2002年开始，河北省文物研究所多次组织在相邻的蔚县盆地开展旧石器专题调查，在盆地中东部三关村东发现南台子、西沙河、下马碑3处旧石器时代晚期遗址。其中南台子、西沙河遗址直线距离不超过500米，但分别显示出细石叶、小石片两种石器技术的特点。2013年，河北省文物研究所开始系统发掘下马碑遗址，发掘面积约12平方米，发现上、中、下三个文化层。上、中文化层文化遗物较少，主要发现位于下文化层，该层揭露一处原地埋藏的古人类活动面，文化遗物异常丰富，发现石制品、动物骨骼800

余件，密布整个发掘区，同时发现有火塘、研磨赤铁矿颜料的遗迹。

河北省文物考古研究院联合中国科学院古脊椎动物与古人类研究所、中国科学院地质与地球物理研究所、德国马普人类历史科学研究所（MPI）等国内外多家科研单位开展了综合性、多学科的国际合作研究，研究成果于2022年3月2日以"Innovative ochre processing and tool use in China 40,000 years ago"（《中国4万年前创新的赭石颜料加工与工具制作技术》）为题在国际顶级学术期刊 Nature（《自然》）杂志正式在线发表。

二、遗址概况

下马碑遗址位于河北省张家口市蔚县西合营镇三关村东南约200米处，村南152乡道的南侧，向北紧靠公路路基，地理坐标北纬39°55′13.1″、东经114°47′04.5″，海拔918米。遗址地处广义泥河湾盆地南部的蔚县盆地的中东部，蔚县大南山北侧的山前地带，壶流河东侧支流清水河的一条小支流西沙河的西岸。壶流河为桑干河的一条大的支流，沿岸发育了三级阶地，

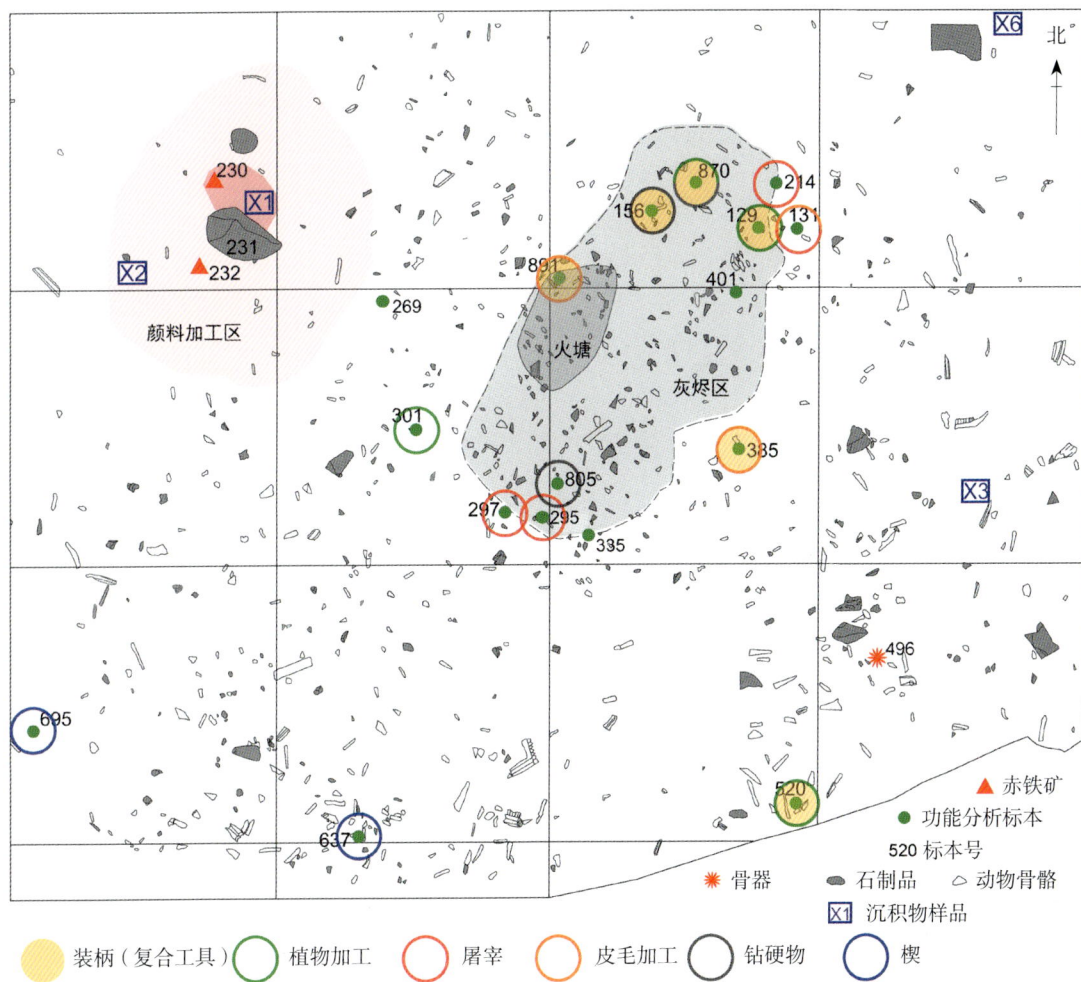

图例：

- ▲ 赤铁矿
- ● 功能分析标本
- 520 标本号
- ✳ 骨器　●石制品　△动物骨骼
- X1 沉积物样品

- 装柄（复合工具）
- 植物加工
- 屠宰
- 皮毛加工
- 钻硬物
- 楔

遗址功能分区平面图

依遗址附近地貌观察，其埋藏部位为壶流河的第二级阶地。沉积学及沉积物粒度分析显示下马碑遗址形成于河漫滩环境，孢粉分析结果显示当时为干凉气候下的草原环境，动物骨骼鉴定结果显示马、鹿和鼢鼠等占比较高。

遗址发掘堆积厚度 2.9 米，综合遗址地貌部位与盆地内桑干河及其支流第二级阶地内旧石器遗址的时代，推断其地质年代为晚更新世。高精度加速器质谱碳十四和光释光定年及其贝叶斯模型计算结果显示，遗址上文化层年代距今 2.9 万 ~ 2.6 万年，中文化层距今 3.5 万 ~3 万年，遗物丰富的下文化层则距今 4.1 万 ~3.9 万年，整体处于旧石器时代晚期。

三、重要遗迹

下文化层的古人类活动面埋藏于堆积的第 6 层，发掘 12 平方米，发现火塘、研磨赤铁矿颜料遗迹及 800 余件石制品、动物骨骼。石制品、动物骨骼密集遍布整个发掘区，局部区域堆积有成片的灰烬。发掘区中部偏北处发现一火塘，呈不规则椭圆形，系直接在地面挖出浅坑后在其中生火，坑内保存有大量炭粒、灰烬、烧骨以及少量石制品等。

北壁地层与文化层分布

研磨赤铁矿颜料遗迹位于发掘区西北角，由大、小两块石灰岩砾石以及环绕砾石分布的大量赤铁矿碎块、碎屑以及粉末等组成。大的砾石表面明显被染红，显微扫描分析发现其表面有明显的反复摩擦痕迹，同时发现表面残留有大小为200微米左右的赤铁矿微屑，细如发丝，其功能应类似于研磨盘。显微扫描小的砾石表面未发现明显残留物，但表面部分磨光，其功能应类似于研磨球。以两块砾石为中心，周围形成直径约1米、呈不规则圆形、外围轮廓不清晰的红色染色区。染色区中间区域颜色鲜红，靠近砾石处尤其明显，大的砾石下部土壤甚至被染成赤红色，向外围渐浅。染色区、非染色区以及遗址外不同区域沉积物的 X 射线衍射（XRD）、微束 X 射线荧光光谱（microXRF）、拉曼光谱（Raman）、扫描电镜－能谱（SEM-EDS）和岩石磁学等多种方法的检测分析显示：染色区富集赤铁矿，其他区域不含赤铁矿。确认靠近砾石附近的 2 件较大岩块为矿物成分有差异的赤铁矿（赭石）小块，进一步的显微分析显示，其中较大一块表面有明显的反复摩擦痕迹。

四、石器技术

下文化层发现石制品 356 件。剥片以锤击法为主，存在比较多的砸击技术制品，在尺寸上具有显著特点，以微型、小型为主，50% 以上的小于 20 毫米，多数呈细长形。原料丰富，包括燧石、玄武岩、白云岩、石英、石英砂岩、硅质灰岩、砂岩等。类型简单，包括石锤、石核、石片、石器、残片、断块、碎屑等几类。石制品第二步加工修理不发达，导致石器数量

下文化层发掘区

下文化层遗物分布

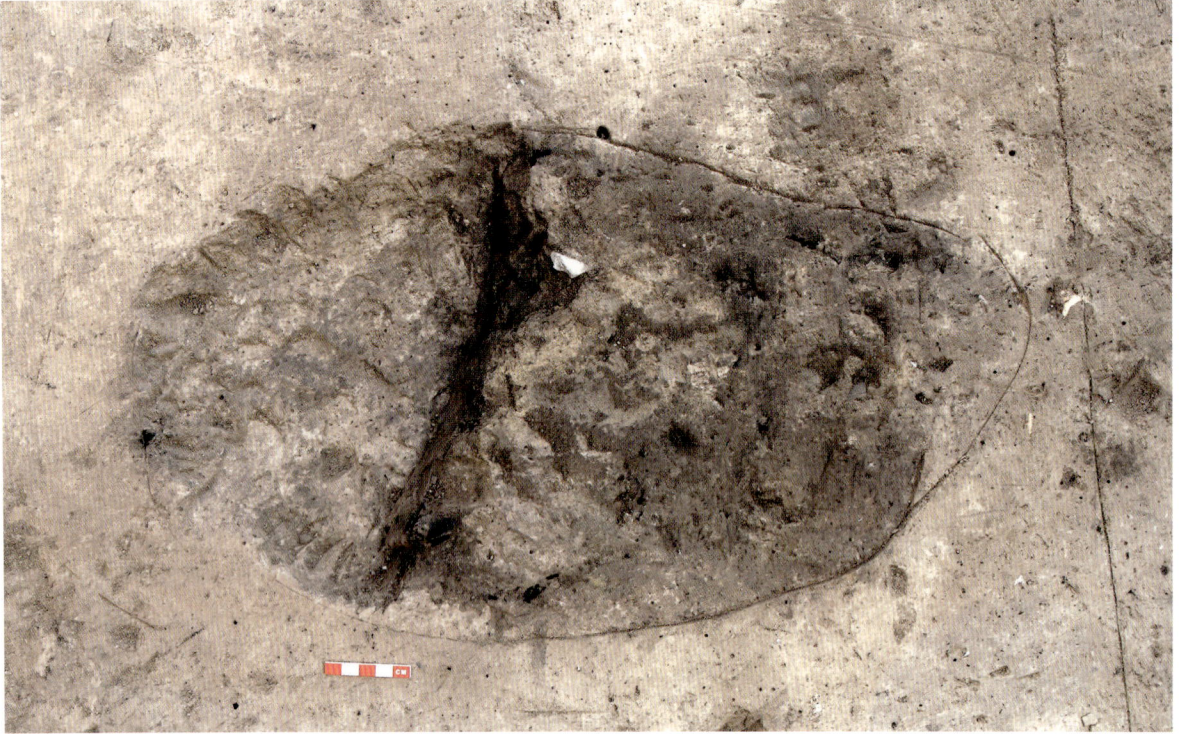

火塘

研磨赤铁矿遗迹全景

非常少，类型简单，仅有刮削器、雕刻器两种。使用石片数量较多，通过电镜扫描可观测到明确的使用痕迹。应用扫描电镜－能谱联合分析方法开展了石制品的残留物化学成分分析和微痕观察，分析结果显示标本13XMB：129石片刃部有明显的使用痕迹，表面附着有骨柄残留物和线性排布的植物纤维残留，这些特征明确指示了镶嵌捆绑加固的行为，该件标本可能曾经装柄形成复合工具。

综合石制品打制方法、尺寸、类型、残留物及微痕分析结果，下马碑遗址出土的石制品属于以微小石器为主的石片石器技术类型，与以往发现的小石器、石叶、细石叶等石器技术存在明显差别，该种石器技术与华北地区长期延续发展的小石器技术或小石片石器技术存在较多的共性，可能存在渊源与联系。

五、初步认识与学术价值

该遗址文化层层序丰富，同一个剖面至少包含距今4万~2.6万年之间的三个文化层。上文化层石制品数量比较少，但发现有特征明显的细石核、石叶，属于石叶与细石叶共存的石器技术。中文化层石制品数量最少，从已有的石制品特征观察，应该属于石片石器技术传统。下文化层石制品丰富，为微小石片石器技术。该遗址包含多个文化层，发现石片石器、石叶、细石叶等多种石器技术，基本上构建起中国北方地区旧石器时代晚期的文化序列和技术发展模式。

该遗址下文化层揭露的研磨赤铁矿颜料遗迹，是我国乃至东亚地区目前已知最早的史前人类颜料加工的考古材料，将东亚早期人类使用颜料的历史提早到距今4万年，也使东方古人类艺术创作、审美、认知表达的历史大大提前，改写了学

研磨赤铁矿遗迹近景

赤铁矿粉染红现象

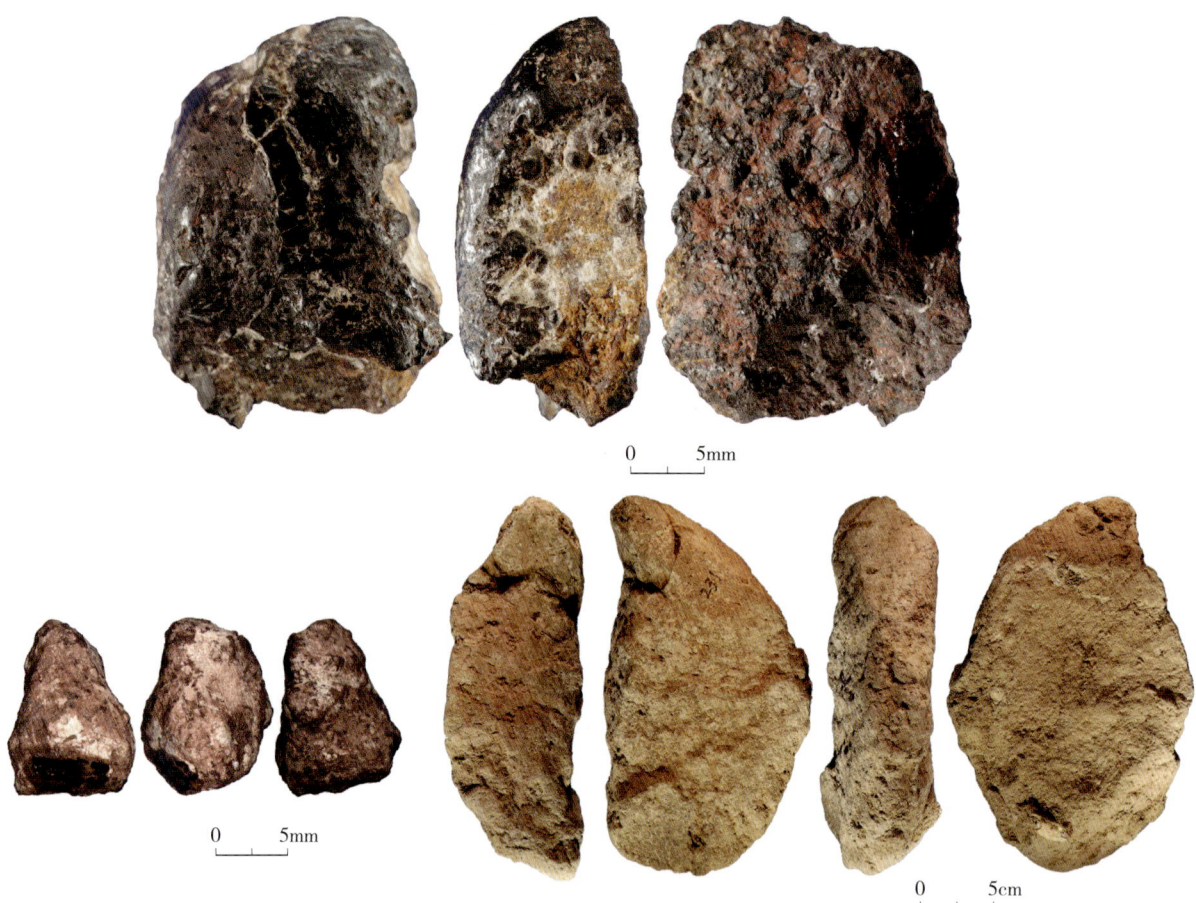

研磨赤铁矿遗物

下文化层石片

下文化层砸击产品

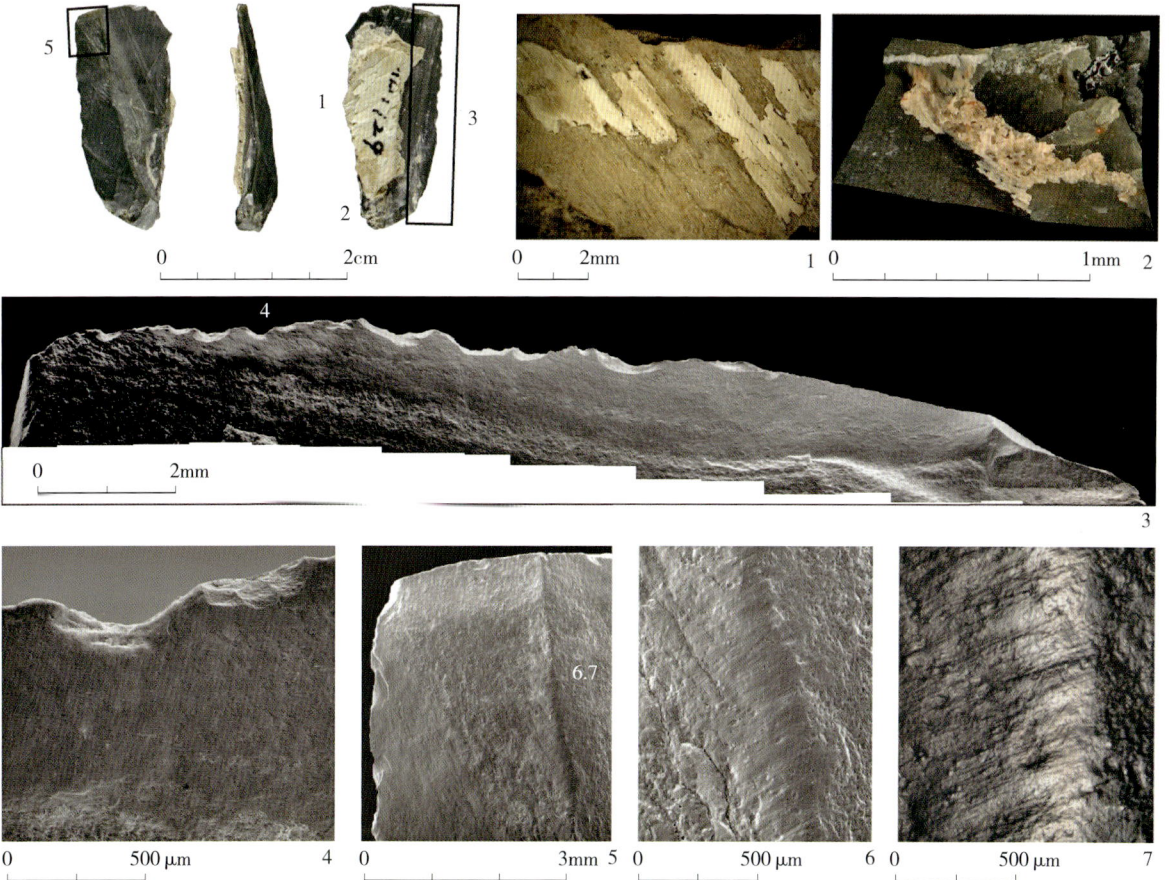

石片（13XMB：129）装柄复合工具残留物与微痕

术界以往的认识。石器微痕与残留物分析也显示，该遗址的微小石片存在捆绑装柄镶嵌使用的情况，早期人类开始了复合工具制作。颜料的使用、复合工具的制作等证据显示，该遗址的早期人类已经有了技术和行为复杂化的表现，具有了早期现代人的行为特征。该遗址早期人类的现代行为特征与微小型石片石器技术共存，该石器技术与本地区长期广泛存在的小石片石器技术存在更多的渊源，而与以往认为的早期现代人多与欧亚大陆西侧流行的石叶技术共存的特征明显不同，显示该遗址的现代化进程与以往认识的现代人在欧亚大陆扩散的模式不同，表现了该区域独特的文化与技术革新，为探索东亚地区早期现代人的起源与演化提供了典型的材料。

■ 撰稿：王法岗

ABSTRACT

The Xiamabei site is located in the central eastern part of Yuxian Basin, to the south of the general Nihewan Basin. Excavations were initiated in 2013, which revealed an ancient human activity surface buried in situ in the lower cultural layer. The remains of a fireplace and signs of ochre processing, as well as more than 800 stone artifacts and animal fossils were discovered. The Xiamabei lithic assemblage is represented by miniaturized lithic technology, and analysis of micro-scarring and remains revealed evidence of microscopic flakes having been attached to handles. The relics are dated to 40,000 B.P. based on OSL dating and AMS carbon-14 dating results. Evidence for pigment processing and tool hafting in the Xiamabei site is the earliest known example in China and East Asia. The site provides important materials for exploring the increase in complexity of the technology and behavior of early modern human beings in East Asia.

泥河湾盆地遗址群

发掘单位：河北省文物考古研究院、中国科学院古脊椎动物与古人类研究所、
中国社会科学院考古研究所、河北师范大学

一、遗址群概况

泥河湾盆地为冀西北的山间构造断陷盆地，大概相当于河北省张家口市阳原县域的部分，又称阳原盆地或狭义泥河湾盆地。随着研究的深入，学术研究范围逐渐扩展至相邻的蔚县盆地、涿鹿盆地、怀来盆地，乃至邻省山西的大同盆地，又称广义泥河湾盆地。1921 年，在阳原县泥河湾村附近发现古动物化石，揭开了泥河湾科学研究的序幕。一百年来，数辈地质、古人类、考古工作者开展了持续的科研探索，泥河湾层成为华北早更新世的标准地层。泥河湾盆地旧石器时代遗址数量多、时代早、延续时间长、文化序列完整，

泥河湾盆地示意图

被誉为"东方人类的故乡"。

二、本阶段工作概况

2013 年以来，泥河湾遗址群的科学价值得到国家和地方政府的高度重视，以泥河湾盆地研究为中心，开展了多个研究项目。中国科学院古脊椎动物与古人类研究所、中国社会科学院考古研究所、河北省文物考古研究院、河北师范大学、河北大学等单位开展了大规模的考古调查、发掘与研究，发现的遗址数量迅速增加，阳原盆地遗址数量增加至 380 多处，广义泥河湾盆地遗址数量则接近 500 处。对马圈沟、石沟、麻地沟、东谷坨、马梁、后沟、侯家窑、板井子、西白马营、油房、马鞍山遗址地点以及蔚县、怀来等县重点遗址的发掘，获得了早更新世至晚更新世末期不同阶段的关键材料，逐步构建起距今 176 万 ~ 1万年间旧石器时代文化序列的框架。

三、重要考古发现

1. 马圈沟遗址群

遗址群地处盆地东端大田洼台地北坡的马圈沟。1992 年发现，近年来持续发掘 9 个地点，在同一剖面上确认了早更新世距今 176 万 ~125 万年的 17 个不同阶段的文化层，揭露多处古人类活动面，发现石制品、动物化石近万件。第 Ⅲ 文化层以草原猛犸象化石为主体，其间密集分布有石核、石片、刮削器和自然石块，反映了古人类猎杀、肢解、食用草原猛犸象的活动。第 Ⅱ 文化层发现了保存完好的草原猛犸象脚印，部分个体结构保存较好，尚可辨出清晰的脚趾结构。鱼咀沟 1 号地点第 Ⅴ 文化层底面揭露出草原猛犸象脚印 20 余个，周围散布有石制品、动物化石。该遗址是东亚地区时代较早、地层关系可靠、发现材料最丰富的早更新世时期遗

马圈沟遗址群揭露出的遗迹与遗物

1. 古人类活动面　2. 石核　3. 草原猛犸象牙齿化石　4. 草原猛犸象脚印

马圈沟遗址群鱼咀沟 1 号地点第 V 文化层底面揭露出的遗迹与遗物

1、4、5. 猛犸象脚印 2、3. 石制品

址，17 个文化层的发现构建起早更新世中期古人类文化的序列。

2. 石沟遗址

遗址位于大田洼台地北侧的石沟两岸。2015~2019 年，河北师范大学历史文化学院发掘了石沟、牛圈沟、南山根等地点，发现距今 160 万~110 万年间 5 个文化层，进一步充实完善了早更新世中、晚期的文化序列。第 IV 文化层揭露出古湖滨的冲沟，出土剑齿虎、披毛犀、马等动物化石、石制品 2000 余件，发现多组能够连续拼合的石制品组合，反映了古人类就地剥片、加工石器的过程，整体复原了 150 万年前古人类在泥河湾古湖滨制作石器、肢解动物就餐的场景。

3. 东谷坨遗址

遗址位于大田洼台地东谷坨村西北的许家坡。20 世纪 80 年代发现并经多次发掘，1991 年国务院批准的中外合作考古发掘项目即在该遗址，是中国早更新世出土遗物最丰富的旧石器遗址之一。2016~2020 年，中国科学院古脊椎动物与古人类研究所实践新的旧石器考古发掘和记录方法，全面推行数据采集、记录的数字化，揭露多个文化层，获取了系统的年代、环境、沉积学信息，发掘揭示了遗址的形成过程和古人类的适应模式，为研究泥河湾古湖演化和早更新世人类活动的关系提供了关键材料。出土标本 10000 余件，发现有少量盘状石核、以石片为毛坯的石

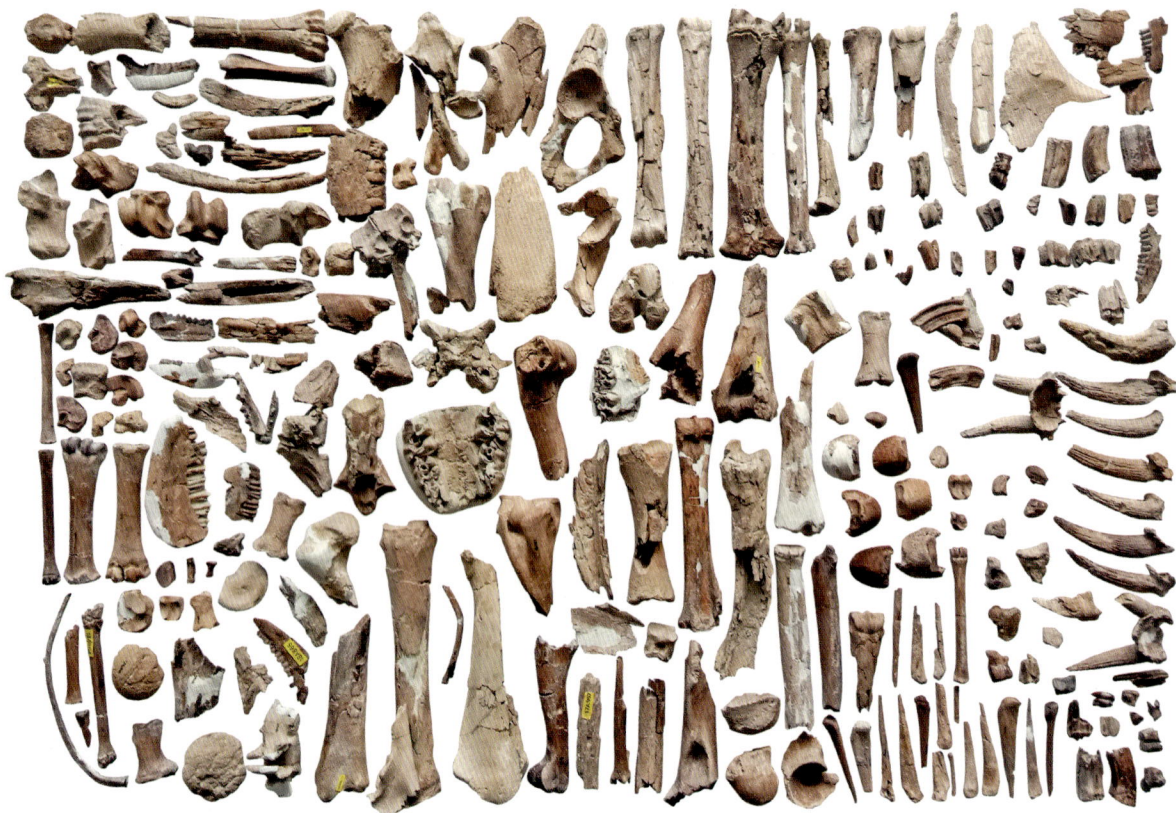

石沟遗址出土的部分哺乳动物化石

东谷坨遗址出土的锯齿刃器

核，石器也不乏加工精致者，反映了古人类对石料的深度利用。遗址具有多个文化层位，充实完善了 110 万年前后的人类文化序列，辅之附近区域距今 136 万年的小长梁遗址、距今 120 万年的飞梁－麻地沟遗址、距今 100 万年的许家坡遗址，共同构建起距今 136 万 ~100 万年间早更新世晚期的文化序列。

4. 马梁－后沟遗址群

遗址群位于盆地东缘东谷坨村北。该区域发育了早更新世晚期至中更新世时期的湖相沉积，发现近 20 处早更新世末期至中更新世晚期的遗址。马梁 10 号地点发掘确认了 5 个文化层，集中分布于剖面下部的 BM 界线附近（早、中更新世分界，距今 78 万年），处于早更新世末期至中更新世初期。后沟 6 号地点在 16 米深的剖面上确认 7 个文化层，时代在距今 70 万 ~35 万年之间。该遗址群填补了泥河湾盆地中更新世古人类文化遗存的空白，10 余个文化层的发现有助于构建中更新世古人类演化的文化序列，成为泥河湾盆地古人类连续演化的重要一环。

马梁 10 号地点发掘区远景与文化层分布

后沟 6 号地点发掘区远景

5. 侯家窑遗址

遗址位于盆地西端。1976~1979 年发掘发现数以万计的石制品、古动物化石和 20 件古人类化石，是中国北方最重要的旧石器时代中期遗址之一。2007~2013 年的持续考古发掘揭露了遗址完整的地层剖面，在文化层之下找到泥河湾顶部的不整合侵蚀面，确认文化遗物和人类化石的埋藏地层并非最初认识的泥河湾层。结合新的光释光测年数据，推测遗址距今 20 万 ~16 万年，解决了长期以来争议巨大的许家窑人生存时代问题，为研究中国北方早期现代人的起源和演化、古老型智人行为能力等提供了重要数据。

6. 西白马营遗址

遗址地处盆地中部。20 世纪 80 年代发现并发掘，发现了丰富的旧石器时代晚期的石制品、动物化石。2016~2019 年，中国社会科学院考古研究所等单位再次发掘，明确了遗址的分布与埋藏类型，发现大量石制品、动物化石等遗物，发现丰富的用火遗迹和肢解、处理动物资源的场所，遗址具有临时营地的性质特征。遗址主要文化层年代为距今 5 万 ~4 万年左右，这是现代人在东亚地区扩散、演化的关键时期，为我们探寻泥河湾盆地乃至东亚地区晚更新世晚期人类生存模式提供了重要资料。

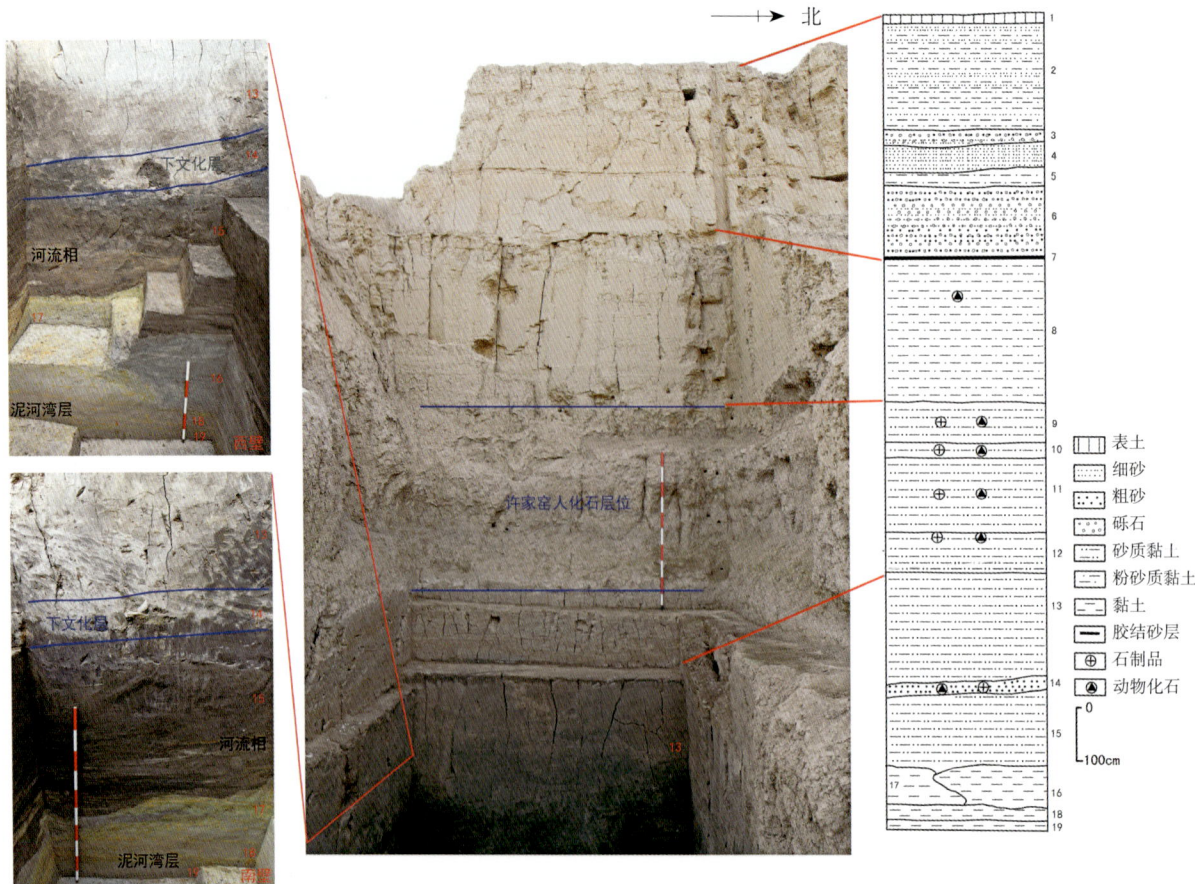

侯家窑遗址发掘地层剖面

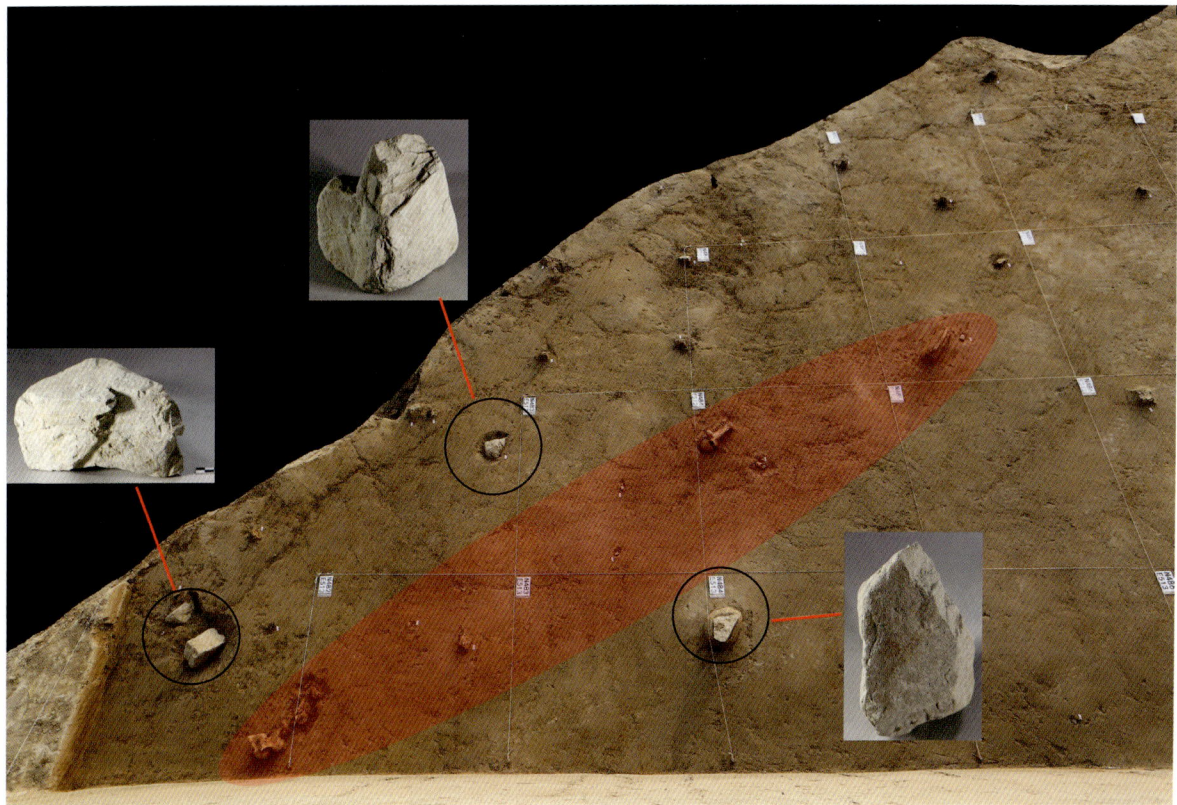

西白马营遗址 2 号地点古人类活动面

7. 油房遗址

遗址位于盆地东缘。20 世纪 80 年代发掘出土典型的石叶、细石叶技术制品，引起学术界广泛关注。2013~2017 年，河北师范大学历史文化学院等单位开展发掘，揭露出遗址区完整的地层序列，确认石叶技术遗存的原生层位，并在底部新发现石片石器工业遗存，获取完备的多学科信息。遗址整体处于末次冰期，在距今 3 万年前后出现石叶技术遗存，进一步充实了泥河湾盆地由石片石器工业向石叶－细石叶工业转变的遗存和年代数据，为探讨华北地区石叶和细石叶技术的出现提供了新的资料，对研究华北地区晚更新世环境演变、东亚现代人的扩散和文化适应具有重要价值。

8. 马鞍山遗址

遗址属于虎头梁遗址群的一个地点。20 世纪 90 年代发掘揭露出旧石器时代晚期之末的古人类活动面。2014~2016 年，中国科学院古脊椎动物与古人类研究所等单位发掘揭露出密集分布的火塘与灶坑，出土巨量的细石叶遗存，发现少量装饰品。高精度系统测年显示，遗址形成于距今 1.7 万 ~0.5 万年之间，记录了盆地内自旧石器时代末期至新石器时代古人类生存与演化的过程。该遗址细石叶制作技术精湛，代表了我国北方细石叶经典的制作技术，为探讨旧石器文化向新石器文化的过渡、农业的起源等问题提供了重要的实物证据。

9. 广义泥河湾盆地旧石器考古

在"大泥河湾"考古理念指导下，2015 年以来，中国科学院古脊椎动物与古人类研究所、河北师范大学等单位在蔚县、怀来盆地开展了系

油房遗址出土的石叶

马鞍山遗址出土的楔形细石核

统的旧石器调查与发掘。蔚县吉家庄、前上营遗址发掘出丰富的中更新世时期遗存，暖泉遗址发掘出中更新世、晚更新世时期遗存，调查发现丰富的旧石器时代晚期遗存，基本构建起不同

区域的文化序列。怀来盆地东沟遗址发掘出距今 4.5 万 ~3.8 万年的石片石器技术体系遗存，南家沟遗址发掘出距今 1.7 万 ~1.6 万年间丰富的细石叶技术遗存。这些工作为探讨大泥河湾盆地内更新世期间古人类的扩散、生存行为和环境适应提供了重要的研究基础。

四、学术价值及意义

本阶段考古工作有明确的发掘目标和规划，有最新理论和方法的指导，采用了更加精细的发掘技术和方法，信息提取更为全面，更加注重科技手段的应用和多学科的综合研究，充分发挥考古学、年代学、环境学、第四纪地质地貌学、第四纪哺乳动物学的优势，为研究人类起源与演化提供科学数据。持续开展公众考古活动，向大众展示根据科学数据复原的古人类生存历史，提高

蔚县盆地饮涧沟遗址密集分布的文化遗物

文化自信。

新的系列考古发掘与研究廓清了泥河湾盆地旧石器时代遗存的相互关系，初步构建起相对完整的旧石器时代文化序列，串联起华北地区超百万年的古人类文化发展序列，完整阐述了东亚地区古人类的演化及其与环境互动的过程。盆地内古人类文化的连续性非常强，石器技术在延续性发展的基础上有着阶段性的创新，小石片石器技术最早出现，一直延续发展，距今3万年前后出现了石叶、细石叶技术，距今2.2万年出现了以船形细石核为代表的细石叶技术，距今1.7万年前后出现以楔形细石核技术为主的细石叶工业，并在距今1万年前后过渡至新石器时代，这些发现系统阐述了泥河湾盆地人类出现、演化的过程与模式。

泥河湾盆地成为我国北方乃至东亚地区旧石器时代遗存分布最密集和文化序列最完整的区域，记录了东亚地区人类起源、演化的关键节点和重要事件，对研究早期人类起源与扩散、现代人类起源与演化、农业起源等重大学术问题都具有重要价值，是探索东亚地区人类出现、演化的关键地区，为"中国是东方人类的故乡"这一表述提供了科学数据。

■ 撰稿：张文瑞

ABSTRACT

The Nihewan Basin is an intermontane fault depression basin in the northwestern Hebei Province. The Quaternary strata in the basin are intact and there are numerous sites. In 2013, Hebei Province had launched the "Nihewan Oriental Human Origin Exploration" Project, in collaboration with the Hebei Provincial Institute of Cultural Relics and Archaeology, the Institute of Vertebrate Paleontology and Paleoanthropology, Chinese Academy of Sciences, the Institute of Archaeology, Chinese Academy of Social Sciences, Hebei Normal University and other units. Through investigations, excavations and research, the project had increased the total number of sites around the Nihewan Basin to nearly 500. The excavations of key sites in Majuangou, Shigou, Madigou, Donggutuo, Maliang, Hougou, Houjiayao, Banjingzi, Xibaimaying, Youfang, Ma'anshan, Yuxian, Huailaixian and other counties have produced pivotal materials from the Early Pleistocene to the last stage of the Late Pleistocene, gradually constructing a framework of the chronology of the Paleolithic culture between 1.76 million and 10 thousand years ago. The region is critical to explore the emergence and evolution of human beings in East Asia, and provides the basic materials and scientific data for the expression of China as the "homeland of Oriental humans".

河南省郑州市商都遗址书院街墓地

发掘单位：郑州市文物考古研究院

一、工作缘起

2021年6月至2023年2月，郑州市文物考古研究院在郑州市紫荆山路东侧、东大街南侧、书院街北侧的基建考古中发现一处商代白家庄期贵族墓地。墓地位于郑州商城内城东南，距东城墙约450米，距南城墙约200米，现存面积超过10000平方米。为了进一步揭示墓地结构、性质及这一区域在郑州商城城址建制中的功能定位与商代王都结构布局的变迁等，在后续的发掘中，我们又陆续发现了壕沟合围的遗迹现象及多组商代夯土建筑基址，

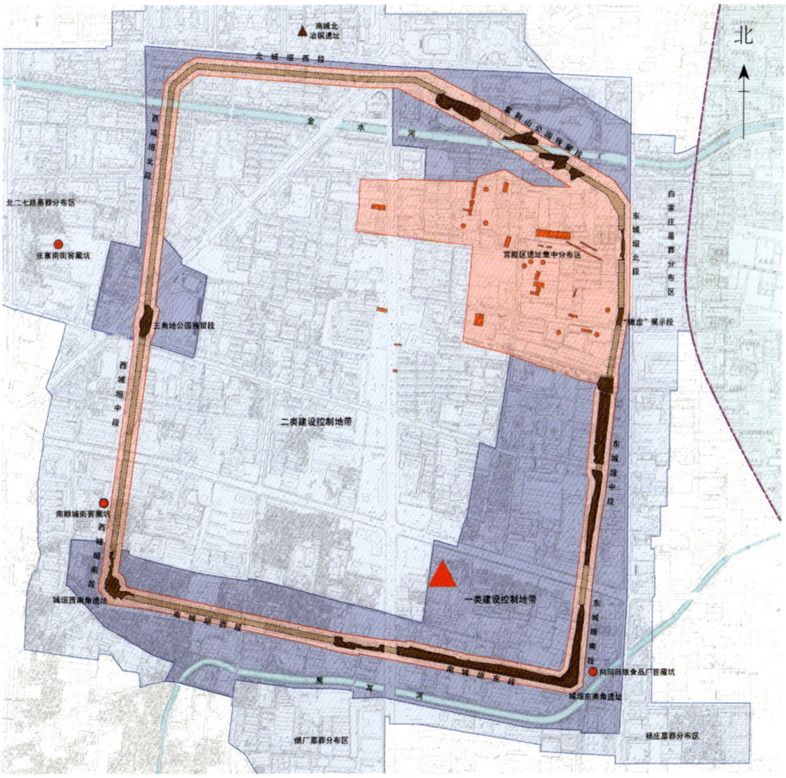

书院街墓地在郑州商城中的位置

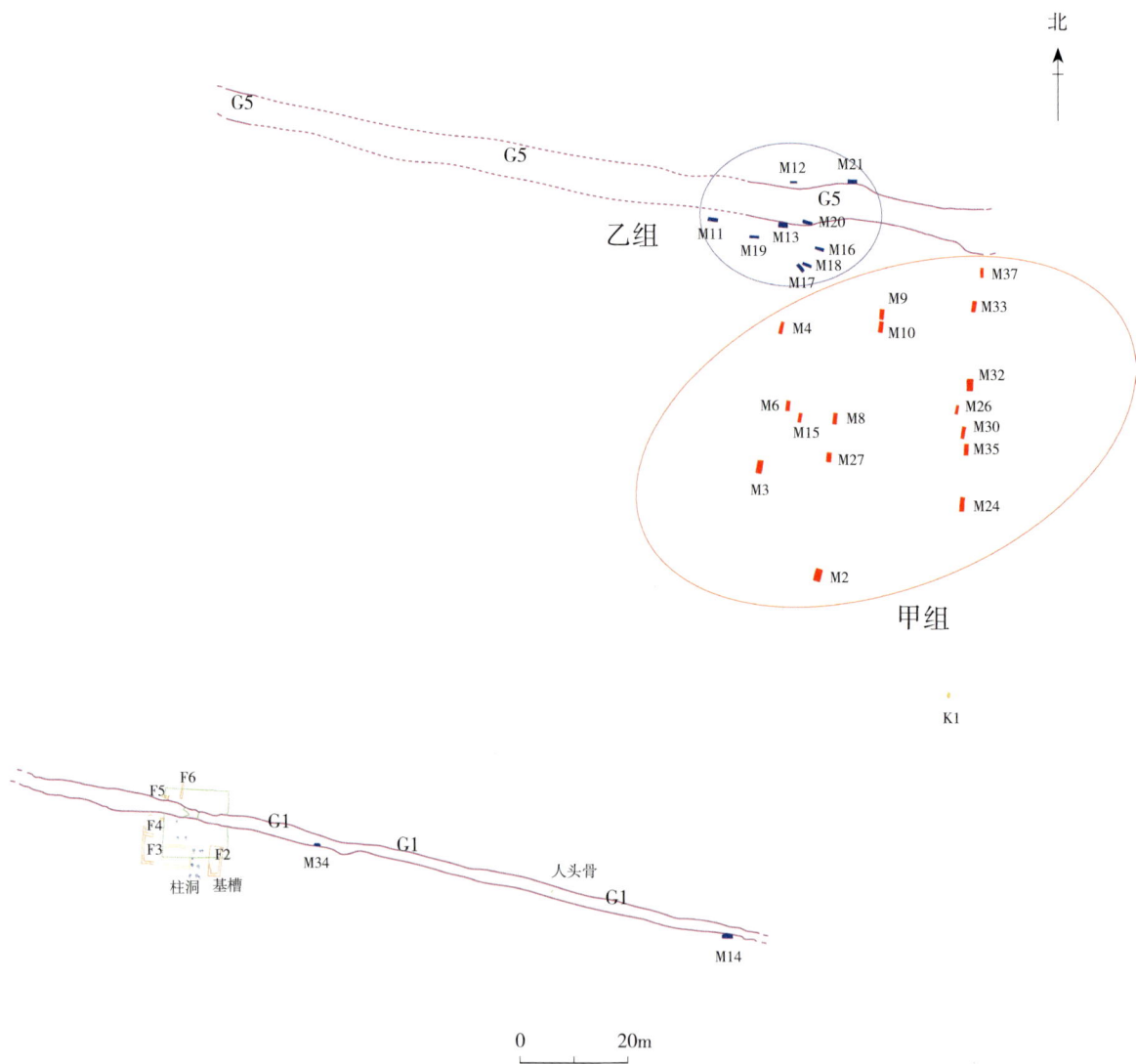

书院街墓地结构示意图

从空间方面拓宽了郑州商城城址的布局，为夏商文明传承延续的研究提供了关键材料。

二、墓地概况

书院街墓地由壕沟、墓葬、祭祀坑及墓地通道等组成。

（一）壕沟

2条。G1、G5中间段大致呈东西向平行分布，残存底部，二者间距约130米。根据地层关系及出土陶片分析，两条沟的建造、使用、废弃年代均为白家庄期。

G1位于发掘区南部，方向102°，上部被唐宋地层及灰坑破坏，西高东低，发掘长度150余米。G1的西段有一处南北向通道，把G1断开分为两段。解剖发现，G1东段向东北转向延伸，呈现出与G5合围趋势。

G5位于发掘区北部，方向99°，东段开口于商代地层④层下，西段被唐宋地层破坏，仅残存底部，中间被破坏缺失80余米，两侧发掘长

二里岗下层一期陶鼎、鬲

H1075 出土二里岗下层二期部分陶器

H71 出土二里岗上层一期部分陶器

白家庄期陶盆、鬲

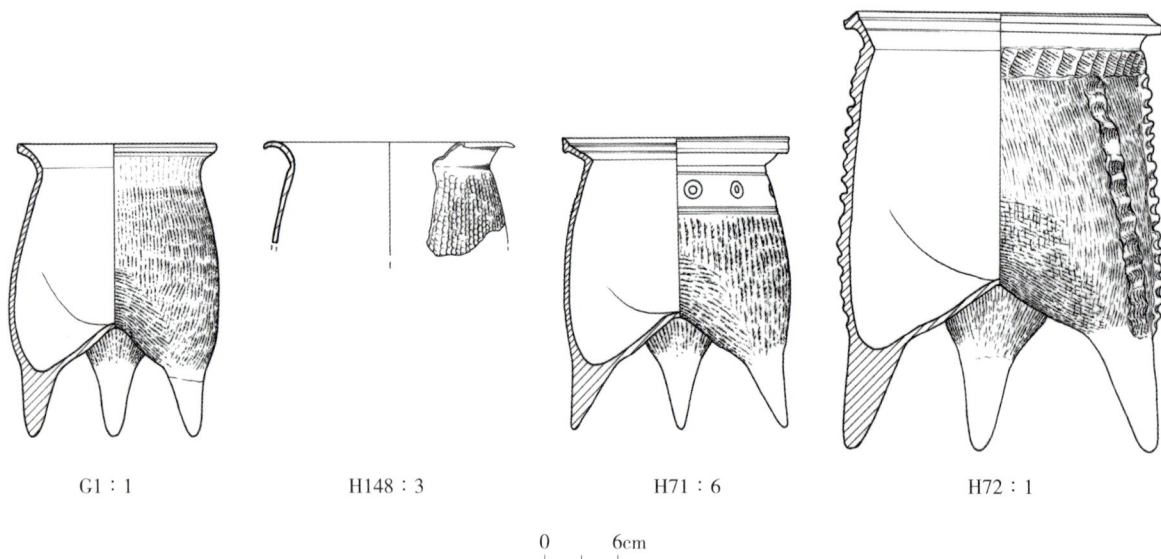

G1∶1　　　　　H148∶3　　　　　H71∶6　　　　　H72∶1

0　　6cm

书院街墓地陶鬲分期图
（二里岗下层一期、二期、上层一期，白家庄期）

度近60米，可复原长度140余米，东、西两侧延伸至现代建筑而止。

（二）墓葬

发掘商代墓葬27座。均为土坑竖穴墓，开口于④层下。按照其分布区域、排列方向、时代关系等分为甲、乙两组。

1. 甲组墓葬

16座。位于G1、G5合围区域的东部偏北，近南北向排列，时代为白家庄期。其中铜器墓葬3座，为M2、M24、M30，无随葬品墓葬13座。

M2位于G1、G5之间东部中间，方向198°，被现代地层破坏。平面呈长方形，现东西宽1.1～1.3、南北长2.6米，残存深度0.35～0.55米。墓室北部中间及东侧各残存朽化胫骨2段，西侧残存朽化关节骨1个，葬2～3人。出土随葬品200余件，其中铜器71件（包括箭镞50枚）、玉器11件、金器6件、绿松石管（珠）4件、贝币120余枚以及以金箔为地镶嵌绿松石的牌饰等。铜器有鼎、鬲、斝、爵、觚、罍、盉式壶、盘、斗、斝、戈、刀、镞等。金器有覆面、泡、金箔等。

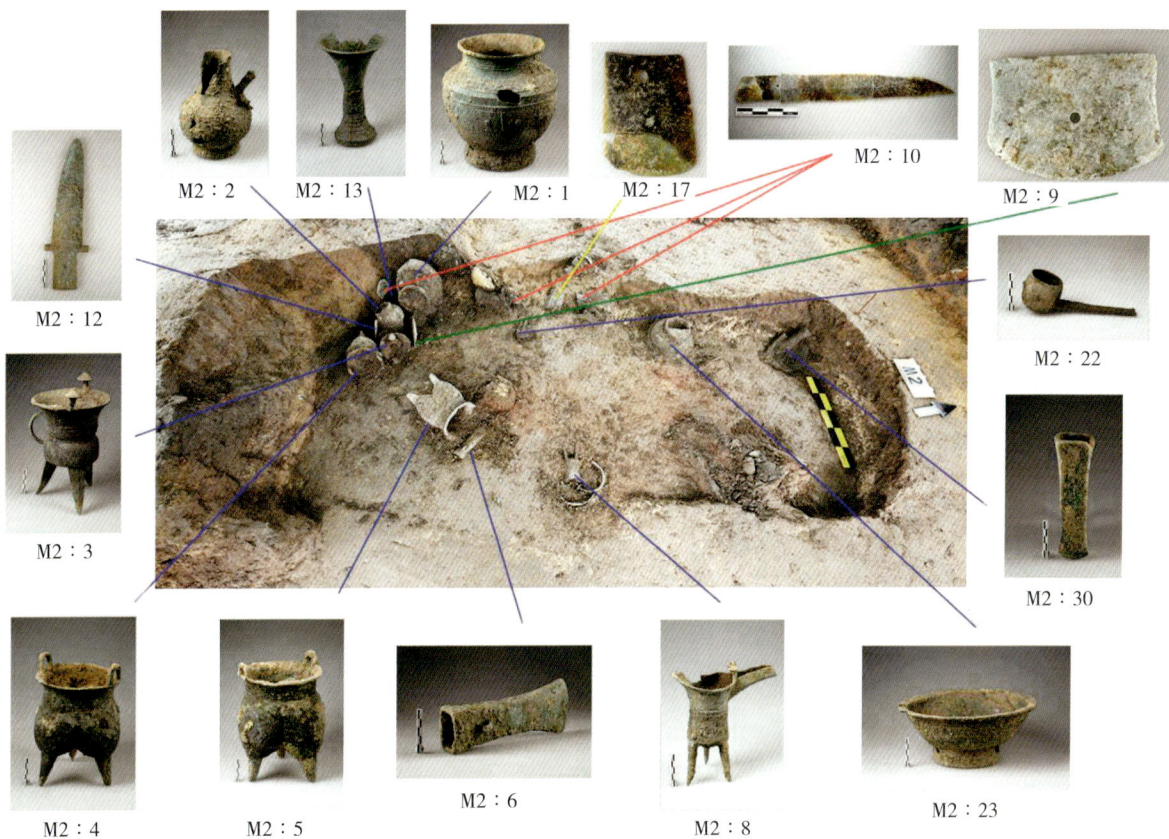

M2：12

M2：3

M2：2　　M2：13　　M2：1　　M2：17　　　　M2：10　　　　　　　M2：9

M2：22

M2：30

M2：4　　　　M2：5　　　　M2：6　　　　　　M2：8　　　　M2：23

M2 部分出土器物分布图

M2 底部殉狗坑

玉器有戈、钺、柄形器、鱼饰件等。绿松石质地的随葬品有以金箔为地镶嵌绿松石的牌饰及绿松石管、绿松石片。M2底部有6处殉狗坑，分别位于人骨头部、腰部及四肢处，四肢处的殉狗头向按顺时针顺序摆放。

M24位于M2东侧偏北20余米，方向6°，开口于④层下。平面呈长方形，墓口东西宽0.9、南北长2.52、深约0.35~0.7米。未发现棺椁痕迹。人骨3具，头向北。中间人骨为俯身直肢葬，男性，25~30岁；西侧人骨为侧身直肢葬，面向中间人骨，

M2出土金覆面

M2出土金泡

M2出土以金箔为地镶嵌绿松石的牌饰

女性，20~23岁；东侧人骨15岁左右，性别不详，侧身跪姿，面向中间人骨。出土青铜器有鼎、鬲、斝、爵、瓠、戈等7件和箭镞4枚，玉器有龙形璜、玉璜、玉蝉形管各1件，另有圆陶片2个、贝壳1枚。M24随葬器物多被破坏，为典型毁器葬。

M30位于M24北侧10余米，方向186°，开口于④层下。平面呈长方形，东西宽0.68、南北长2.06、深0.12~0.3米。残存头骨、胫骨等，头向南。出土有爵、斧、錾手、针、铜片等铜器及玉柄形器、石铲、圆陶片等。

M2出土玉戈

M2出土玉柄形器

M2出土玉钺

M24（上为东）

甲组 13 座无随葬品墓葬分布于 M2、M24 以北，G5 南侧附近，均无棺椁。葬式分为仰身、俯身两类。如 M6，开口于④层下，方向 20°，俯身屈肢葬。平面为长方形，长 1.8、宽 0.8、深 0.5 米。

2. 乙组墓葬

共 11 座。近东西向排列，其中 5 座位于 G1、G5 合围区域的东部北边，4 座位于 G5 内东段南、北两侧边缘，2 座位于 G1 内。墓葬无出土器物，个别墓葬多人同穴。如 M21 位于 G5 北缘，方向 90°，平面为长方形，长 1.7、宽 0.7、深 0.8 米。墓圹内人骨 3 具，肢体错乱，疑非正常死亡。

乙组墓葬存在打破 G1 与 G5 的现象，同时亦开口于商代地层④层下，因此这些墓葬可能是甲组墓地废弃不久埋葬形成的，其时代应稍晚于甲组墓葬。

（三）祭祀坑

8 座。猪祭祀坑 2 座，牛角祭祀坑 5 座，人牲坑 1 座。人牲坑内残存 3 个下颌骨及肢骨等，另有 4 座白家庄期灰坑出土有牛角。在探方 T0217 内 G1 解剖沟的第③层堆积中密集出土了牛角坑 4 座、猪祭祀坑 1 座，时代均为白家庄期，说明在 G1 使用期间商人祭祀行为频繁。

（四）墓地通道

发掘 1 处，位于壕沟 G1 西端。在通道区域存在两组建筑基址，Ⅰ组建筑叠压在Ⅱ组之上。

M6

M21

K1

其中第Ⅱ组建筑基址为版筑夯土，在生土层面的平整地面上进行夯打建造，并用木桩加固，底部版筑夯土。第Ⅰ组建筑基址为南北向排房结构，残存墙基槽等，系直接在原有生活活动层面上夯打地基进行建造。根据地层关系、遗迹间叠压打破关系及夯土内包含陶片推断，Ⅰ组建筑年代为商代白家庄期，Ⅱ组年代为二里岗文化下层一期。Ⅰ、Ⅱ组建筑废弃后，人们利用原有夯土建筑基址，在其左右两侧挖沟（G1），中间保留一段夯土基址，形成一处出入墓地的坚固通道，现宽约2.5米。该通道是人们有意留取坚固的版筑夯土建筑基址以进出墓地，通道外侧有相关管理用房的建筑，但因遗存破坏严重，其结构不明。

综合分析，书院街墓地的壕沟、甲组墓葬、祭祀遗存、出入墓地的通道等共同组成了一处结构与功能明确、具有整体系统性的商代白家庄期

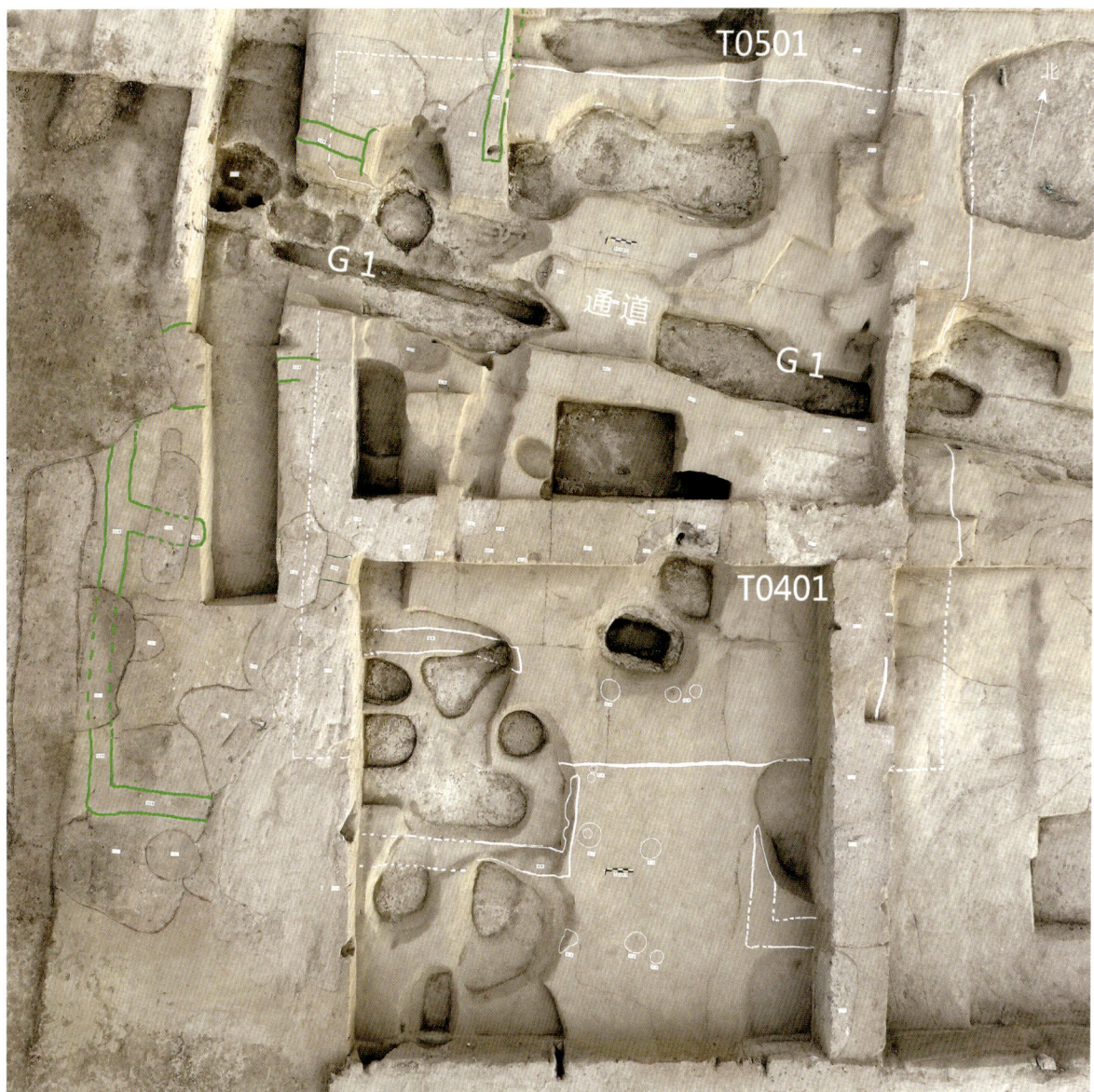

G1、通道与Ⅰ、Ⅱ组建筑基址结构示意图

高等级贵族墓地，现存面积超过 1 万平方米，其中 M2 是墓地的主墓。M2 出土的青铜器(包括镞)、玉器、金器、贝币等各类随葬品有 200 余件，是郑州商城目前出土随葬品最多、种类最丰富、等级最高的贵族墓葬。

三、初步认识

书院街墓地的考古发现对于研究商代贵族墓葬丧葬礼制的发展、商文化以及郑州商城聚落结构的功能布局、形态演变、延续年代、郑州商城与小双桥遗址的关系、夏商文明延续等，具有重要的学术价值与意义。

第一，书院街墓地具有结构清晰、功能完备的系统性、整体性特征。郑州商城内及其周边，如宫殿区墓葬区、烟厂墓葬区、白家庄墓葬区、杨庄墓葬区、北二七路墓葬区内的墓葬分布多散乱无规律，不具有系统性、整体性结构。书院街墓地两道壕沟中间段一南一北近于平行分布但在东段呈合围趋势，壕沟之间甲组、乙组墓葬排列有序，进出墓地的通道借用建筑基址的版筑夯土，坚固耐用(推测可能复建有相关建筑)。甲组墓葬以铜器墓葬为核心分布于两条壕沟的中间区域，有独立的祭祀遗迹等。这些遗迹现象显示了这是一处有组织、有规划、有设计、有管理的专门区域，表明墓地已具备了兆域结构的基本性质，为探讨晚商王陵丧葬礼制的形成与发展提供了可靠的文化来源。

第二，M2 出土青铜器有礼器、酒器、兵器等，数量多，类型丰富，组合完整，丰富了商代早、中前期青铜器文化研究的资料。铜器的结构、类型及纹饰等接近于郑州商城南顺城街、张寨南街、向阳回族食品厂 3 处青铜器窖藏坑同类器物，时代从二里岗上层至白家庄期偏晚阶段，为中商青铜器的研究提供了宝贵资料。

第三，M2 出土的金覆面长 18.3、宽 14.5 厘米，重 40 克，含金量近 84%。金质覆面在全国早、中商文化中是首次发现，为探讨西南地区三星堆黄金面具的来源提供了新的文化线索。金泡作为一种服饰装饰在商文化中首次出现，特别是以金箔衬底、镶嵌绿松石的牌饰更是突显了墓主人非同一般的身份与地位。M2 出土黄金种类多，等级高，大量用黄金的文化现象在中原地区是首次发现。M2 时代为中商早段，这为研究商代黄金文化传播与发展的路径提供了可靠依据。

第四，M2 是郑州商城目前发现的级别最高的贵族墓葬，其丰富的随葬品组合蕴含了贵族墓葬的典规礼制。玉礼器成组配套出现，有玉钺 2 件、玉戈 2 件、玉柄形器 5 件。其中一件玉戈长达 75 厘米，是郑州商城目前发现的最大的玉戈，也是墓主人高等级贵族地位与身份的象征。综合比较分析郑州商城、盘龙城商城、济南大辛庄及安阳陶家营等商代高等级贵族墓地出土玉器、青铜器等，发现商代早期、中前期高等级贵族墓葬中已形成了以玉戈、玉柄形器为标配的组玉礼器以及与青铜礼器、酒器、金器等组合的典规礼制。

第五，M2 殉狗文化内涵丰富，墓底部的 6 处殉狗坑分别位于墓主人骨头部、腰部及四肢。在盘龙城杨家湾、西安老牛坡等商墓中亦发现有墓底多达 5 个殉葬坑的现象，这一葬俗与宗教、信仰、祭祀、天象等是否有关还有待学界进一步解读。同时，这一文化现象也为河北藁城台西、安阳殷墟、山东苏埠屯等商代高等级贵族墓葬多样殉狗文化的来源与传承提供了直接的证据。

第六，书院街墓地及新发现的多组夯土建筑基址位于郑州商城内城东南，说明这一区域在郑州商城的都城建制规划方面具有较高的功能定位。同时，第 II 组建筑版筑夯土底部用横向、纵向、竖向木桩加固夯土的方式在早商、中商前期的建筑中系首次发现，这为我们认识这一时期建筑技术的发展提供了新的思考。

■ 撰稿：黄富成、侯新佳、吴倩、信应君、姜楠

ABSTRACT

The Shuyuanjie cemetery site is located in the southeastern part of the Shang City site in Zhengzhou. The cemetery site consists of trenches, pathways, burials and ritual pits, and is a fully functional, boundaried and well-structured example of nobility cemeteries of the Baijiazhuang phase of the Shang Dynasty. Among early and middle Shang sites, the discovery is unprecedented in the style and collection of relics. The shape of the cemetery and bronze, gold and jade artifacts provided important understanding and value to the study of Xia-Shang urban development, culture and civilization.

殷墟考古发现与研究

发掘单位：中国社会科学院考古研究所

一、工作背景

殷墟考古90年来，发现了丰富的晚商文化遗存，大型宫殿建筑、商王陵、甲骨刻辞、青铜器和玉器等冠绝一时，实证中国有文字可考的历史早到3000年前的商代，也见证了中国古代青铜时代鼎盛时期的辉煌文化、国家政治形态以及技术水平，在古代世界中彰显出中国古代文明的独特风格。

20世纪90年代以来，在殷墟遗址范围的洹河以南和东面的大司空地区发现商代晚期干道；从殷墟西部、今安钢厂区向东贯穿有商代晚期的干渠及其支渠，长度超过2.7千米，二者构成殷墟大邑商都城空间的骨干框架。但这样一些重要的现象，在洹河北岸以商王陵区为中心的区域都没有发现。2021年开始，中国社会科学院考古研究所开始开展商王陵及周边区域的考古勘探，首先是通过勘探寻找小屯宫殿区到王陵区之间的干道，其次是搞清商王陵区的范围，后续搞清洹河北岸地区的功能区划，期望能够获得进一步突破。

二、考古工作概况

（一）考古勘探概况

2021年8月，我们开始对商王陵及周边区域进行考古勘探工作。以位于安阳考古工作站内的殷墟遗址坐标原点为基准，用RTK布10米×10米探方，覆盖工作区域。以普通钻探方式（两排间距为10米，每排孔距1~2米）追寻大型遗迹如沟、道路，以重点钻探方式（孔排、孔间距都为1米或2米）详细掌握部分区域地下文物的详细埋藏信息。截至2022年11月，勘探总面积超过239800平方米，其中普探面积130600平方米，重点勘探109200平方米。

本次勘探区域较大，但各地点的地层大致相同。以过去在殷墟遗址其他地点发掘所见生土层为基准，生土以上地层可分为4小层。其中第③、④层在不同区域的厚度略有差异，总的情况是偏北部薄，南部略厚。文化层在第③层下。

发现遗迹有围沟、祭祀坑、墓葬、房址、井、灰沟、窖穴、灰坑、路沟等，详细情况如下。

围沟2个，东西相距40米。东围沟（G1）围绕在王陵东区大墓和大量祭祀坑的周围。东西间距大致为246、南北236米，近正方形。沟的宽度不一，口部宽超过10米，最深处宽3.5米。西围沟（G2）围绕在王陵西区大墓的周围。两个围沟各发现2个缺口。以围沟为界，王陵区的范

殷墟王陵区平面图

第四地点

50WGM1

1400

1443

84M260

第三地点

第二地点

550

1001

1004

1576

1002

1003

78M1

1500

1217

第一地点

2022 年发掘区域

2021～2022 年钻探区域

1934～1935 年发掘
1959 年钻探
1976 年钻探
1978 年发掘
1984 年发掘

1950 年发掘
1976 年发掘
1978 年发掘

北

0   20m

武王

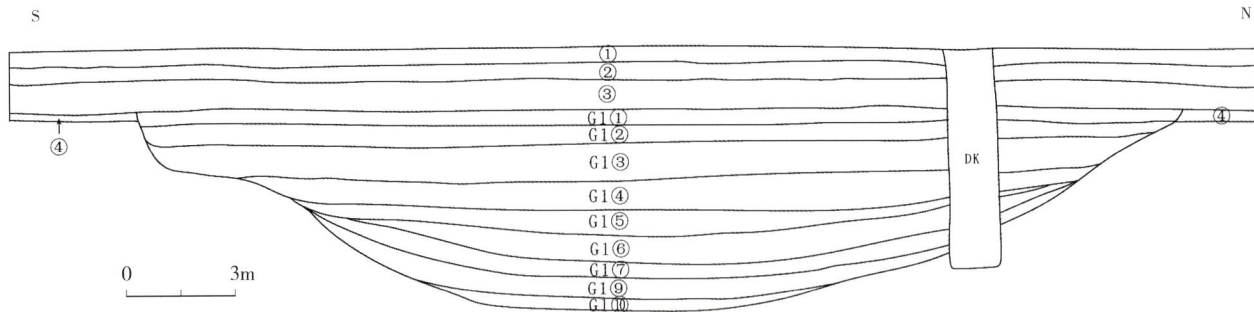

2022AWGNW02T9107、T9108 西壁平面图

第二地点探方西壁剖面（第3层以下为G1填土层）

围东西长 560、南北宽近 300 米。

在王陵公园墙以东 110 米的范围内新探出祭祀坑 460 余座，王陵区祭祀坑总数超过 2800 座。其形制与以往考古发掘的殷墟时期祭祀坑基本相同，不排除其中少数为墓葬。口部多为长方形，少数为方形坑；还有长方形巨型坑（28 米 ×6 米），都勘探出骨骼。

商周时期房址 38 座、井 3 座、陶窑 3 座、土坑竖穴墓 165 座，另有 37 座墓需再确定时代。还有灰沟 14 条、窖穴 5 个、灰坑 319 个。

干道旁的路沟 1 条，口部宽超过 10 米，南北长超过 1200 米，从武官东地向北延伸到小营东地，中间发现 2 个十字路口。南端距离洹河 100 米。路土和近路的上层填土中出土商周时期陶片。

探出砖室墓 76 座、洞室墓 44 座，另有晚期墓（包括近代）43 座。还发现晚期井 52 座、晚

第一地点内 G2 与西周早期 F1、M1 的打破关系

东围沟内祭祀坑 K17

东围沟内祭祀坑 K23（正射影像）

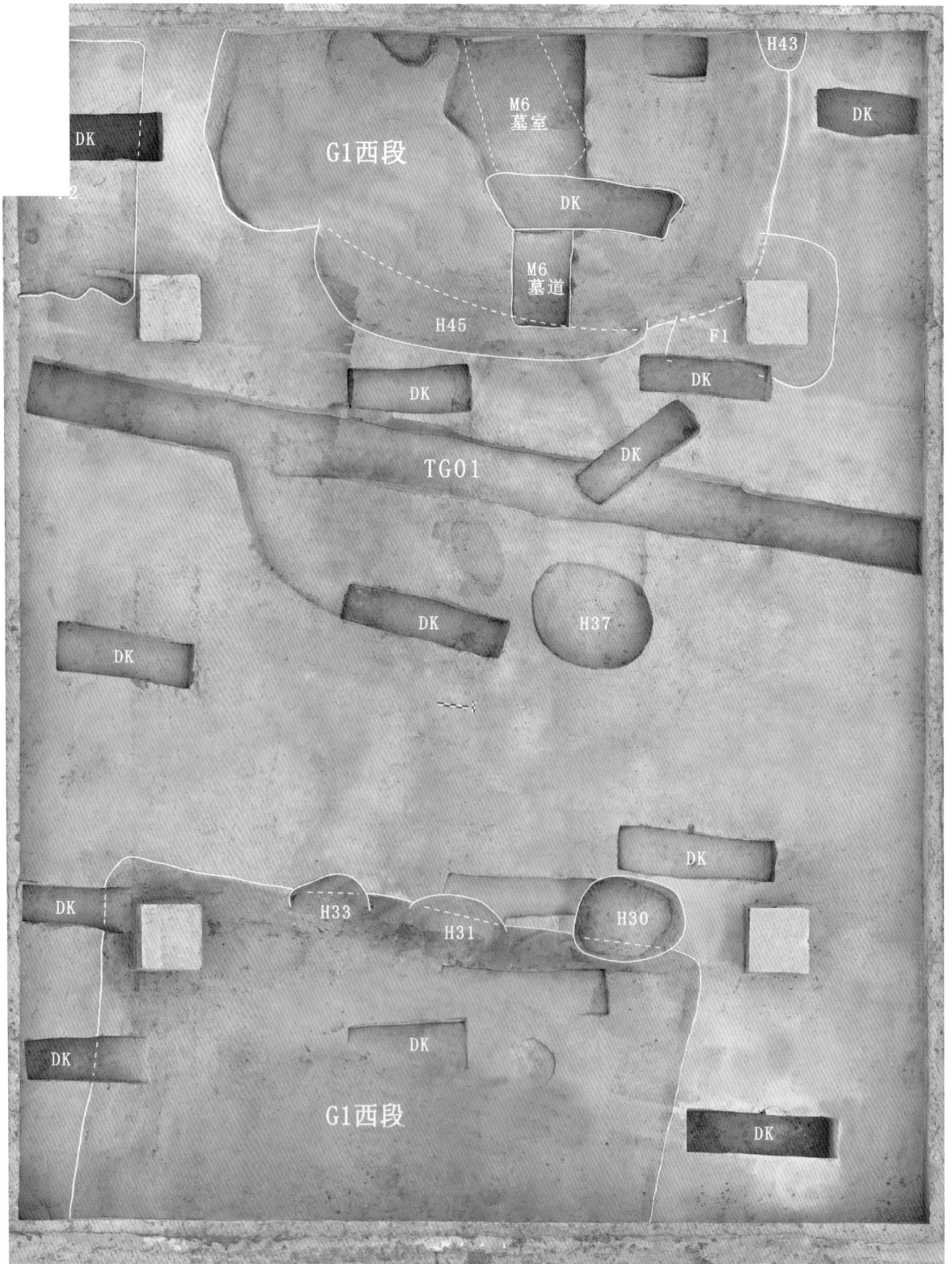

第三地点所见南北两侧沟口形状（正射影像）

期坑 245 个、晚期沟 32 条，还有晚期路多段。

（二）考古发掘概况

1. 布方与文化遗存发现概况

2022 年选 4 个地点发掘，其中第一地点在西围沟 G2 南段上（王陵公园墙西南角外），第二、三地点分别在东围沟 G1 南段偏西部位、西段缺口上（王陵公园内），第四地点在东围沟东段内的祭祀坑区（王陵公园内东墙外）。布 10 米 × 10 米探方 16 个，实际发掘面积超过 700 平方米。发掘所见遗存包括商代晚期、西周、东汉、宋元等时期。其中商代晚期遗存有围沟 2 个、祭祀坑 31 座，西周时期遗存的房址 3 座、墓葬 2 座、灰坑 109 个（侯家庄北地 99 个、王陵公园 10 个）。工作期间按需对大场景、遗迹拍摄照片和影像，及时进行三维建模、生成正射影像；对骨骼标本

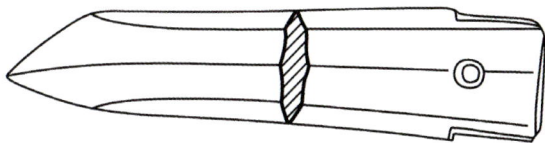

玉戈（M1：1）

及时采样，为后续综合研究做好准备。

2. 遗迹举例

（1）商代晚期遗迹

东围沟 G1 于第二解剖点探方 2022AWGNW02T9107、T9108 所见，沟口距地表深 0.7 米左右，开口于探方第③层下。口部宽 14 米，深近 2.6 米。打破它的最早单位是一座砖室墓 M1（东汉晚期）。填土分 10 层。在第

打破西围沟 G2 南段的西周早期土坑竖穴墓 M1

打破西围沟 G2 南段的西周早期房址 F1 的奠基坑

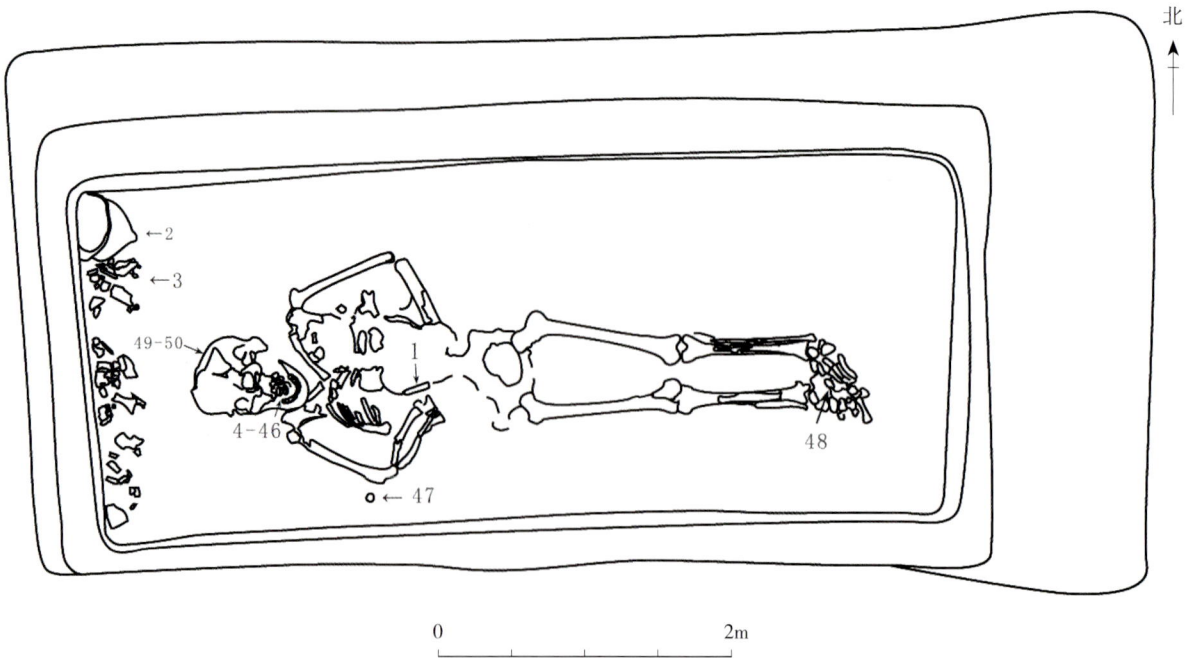

北

0　　　　　　　　　　2m

2022AHBM1 平面图

1. 玉戈　2. 陶鬲　3. 陶簋　4~46. 贝（墓主口内）　47. 贝（墓主右肘处）
48. 贝（墓主双足之间）　49~50. 贝（墓主头骨西侧下）

青铜觚（2022AXXK23：14）

青铜爵（2022AXXK23：6）

青铜觯（2022AXXK23：13）

青铜尊（2022AXXK23：12）

②～⑩层都出土有碎陶片，其中第③、④层出土战国时期的陶豆；第⑥、⑦、⑧层出土西周早期的簋、豆、罐等陶片；第⑨层出土少量殷墟时期陶片，还有骨骼残片；第⑩层出土殷墟时期陶鬲足。

第三解剖点所见东围沟 G1 开口于 2022AWGNW02T9117、T9118、T9119、T9217、T9218、T9219、T9317、T9318、T9319 的第③层（北部探方）或第④层（南部探方）下。缺口处宽 10.5 米。缺口南北面的沟深 1.5 米以上，填土都分 6 层，出土物极少。

西围沟 G2 于第一解剖点探方

铜尊（K23：12）铭文拓片

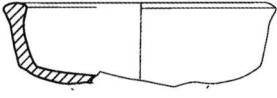

T9107G1⑥：1

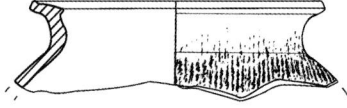

T9107G1⑥：2

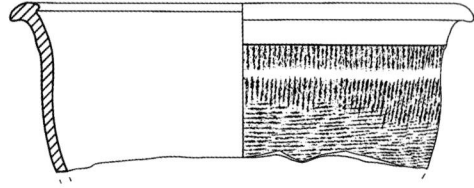

T9107G1⑥：4

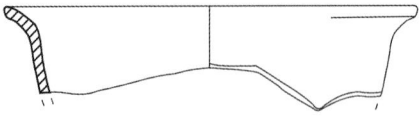

G1⑦：6

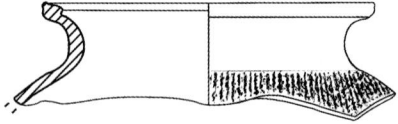

T9108G1⑦：8

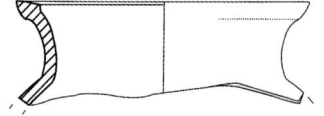

T9107G1⑧：9

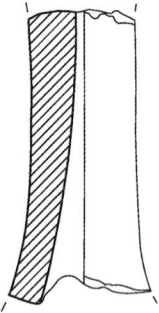

T9108G1③：2

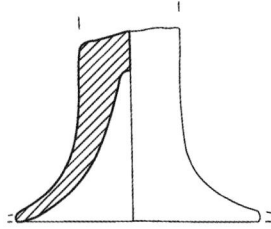

T9108G1④：4

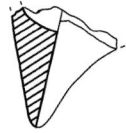

T9108G1⑩：9

0　2　4cm

第二地点 G1 填土中出土陶器

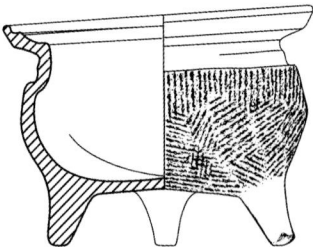

0　2　4cm

陶鬲（M1：2）

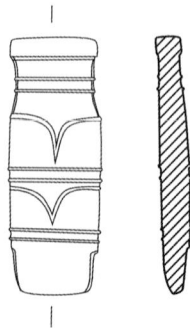

0　1　2cm

玉柄形器（K23：13）

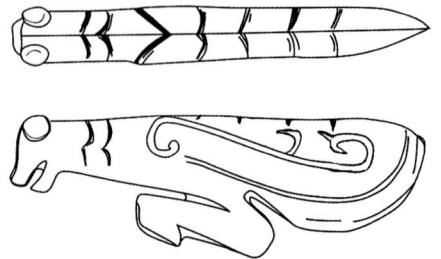

0　1cm

玉螳螂（K23：3）

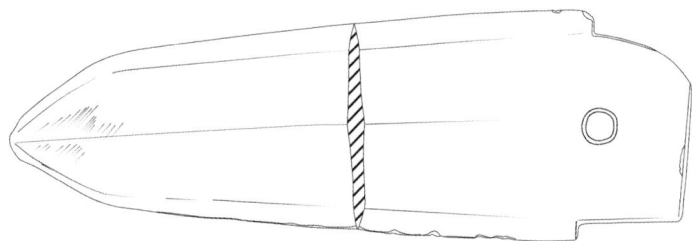

玉戈（K23:9）

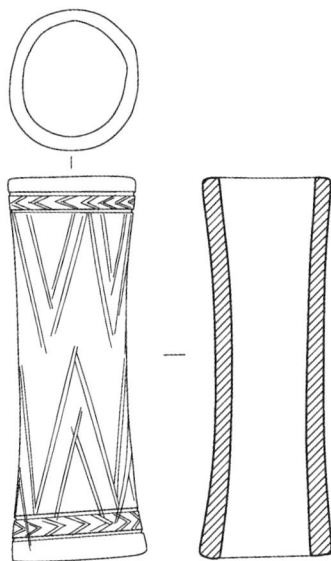

骨管（K23:2）

2022AHBNW12T0704、T0705 中所见，被西周早期的 M1、M2、F1 以及灰坑打破。仅剩沟底部分，残宽 7.35、残深 0.7 米。沟内堆积剩 3 层：第①层为黄沙土，略发红，较杂乱；第②层为黄沙土，发白，较为纯净；第③层为沟底淤积土，呈灰黑色，较致密。三层均未见遗物。

祭祀坑 2022AXXK23，上层埋有青铜觚 2、爵 2、尊 1、觯 1、戈 1；玉虎 1、管 2、柄形器 1 及骨管 1；底部腰坑里狗 1。其中青铜觚（K23：14）、爵（K23：6）、觯（K23：13）、尊（K23：12）上都有铭文"鼎"字。

（2）西周遗迹举例

房址 2022AHBF1，西周早期。残存地基部分，探方内东西宽 5、南北长 10.15、厚 1.6 米。夯层厚 10 厘米左右，土色呈黄褐色或灰褐色，花土，土质致密。出土物有陶片、动物骨骼、石器、蚌片、铜器残件等，可辨器形有罐、鬲、盆等。在不同夯层下发现 7 座奠基坑，内埋葬有年龄不等的婴幼儿与青少年。F1 打破西围沟 G2。

墓葬 2022AHB12M1，西周早期。竖穴土坑墓。口部呈长方形，长 3.15、宽 1.52、深 3.7 米。一椁一棺。墓主骨骼保存一般，葬式为仰身直肢，头朝西，略向北侧。男性。墓底腰坑内殉狗 1 具。随葬玉戈 1、陶鬲 1、贝 3。M1 打破西围沟 G2。

三、收获与认识

通过两年的工作，基本完成了设定的第二项目标，搞清了商王陵区的范围。钻探确认王陵区东、西围沟各自闭合，并有缺口可出入。两个围沟围绕在殷商大墓及祭祀坑外围，未见围沟与殷商墓葬、祭祀坑存在叠压或打破关系，只有晚期墓葬打破围沟和祭祀坑的现象；东围沟东、西段的北端偏向东，与殷墟发现的商代建筑的方向一致。发现多组晚期遗迹打破围沟，其中东汉晚期的砖室墓打破 G1，多组西周早期遗迹打破 G2。尤其是多组西周早期遗迹打破 G2，证明围沟早于西周早期；在 G1 南段底部第⑩层出殷墟时期陶器，其上的第⑥、⑦、⑧层出土西周早期陶器，由此可证围沟属于商代晚期。综合多重证据可知，两个围沟与商王陵园有明确的关联，属于围绕商王陵园的隍壕。以围沟外边界为基准，确定王陵区的范围东西长 560、南北宽近 300 米。以往考古发现所见凤翔秦雍城南的春秋时期秦公陵园，在各组秦公大墓周围有隍壕，殷墟王陵区陵墓隍壕的确认，将此规制上推到商代晚期。这将推动对商代陵墓制度乃至商文化、商史的研究，同时，也为殷墟国家考古遗址公园的建设提供了新的重要资料。

第一个目标任务——寻找小屯宫殿区到王陵区之间的干道也取得重要进展，找到了南北向路沟及两个路口。

新发掘、探明的祭祀坑为研究商代社会性质、商代祭祀活动及其形式等问题提供了新资料。

另外，还有一些新的发现。如王陵区东南方向半扇形空白区域有发现；确认王陵区西部西周遗址面积超过 4 万平方米，这是殷墟范围内发现的面积最大的西周遗址，将推动周人灭商以及周王国国家治理方式的研究。

大规模钻探获得的区域地下文化遗存的系统埋藏信息，尤其为定位地下重要文化层位的深度，为后续复原殷墟古地貌提供重要参考数据。

■ 撰稿：牛世山

ABSTRACT

Between 2021 and 2022, major archaeological surveys of the northern banks of the Huan River, centralized on the Royal Tombs area of the Yinxu Ruins, yielded some important finds. New discoveries include two ditches surrounding the perimeters of the Royal Tombs area, as well as more than 460 ritual pits. The findings of 2022 provided material evidence for stratigraphic relationships, and established that the ditches were trench surrounding the Royal Tombs. These discoveries change our understanding of the scope and layout of the Yinxu Ruins, and further the study of Shang burial policy, culture and history. At the same time, they are important materials for the development of the Yinxu National Archaeological Site Park.

殷墟外围聚落考古新发现

发掘单位：中国社会科学院考古研究所、河南省文物考古研究院、安阳市文物考古研究所

一、工作缘起

近年来，为配合"考古中国"之"中原地区文明化进程研究"重点项目，进一步强化安阳市基本建设中的文物考古和文物保护工作，受中国社会科学院考古研究所、河南省文物考古研究院等委托，安阳市文物考古研究所先后对辛店遗址、陶家营遗址、邵家棚遗址等殷墟外围遗址进行了考古发掘，进一步丰富和扩大了我们对殷墟范围、布局和文化内涵的认识，展示出一个高度文明、规模巨大、人口众多、手工业高度发达的商代晚期都城"大邑商"的面貌，为中华文明探源研究提供了重要的支点。

在遗址发掘过程中，始终贯彻殷墟勘探考古"一张图"和多学科交叉融合的理念，采用统一的大地坐标系统和 RTK 测绘、飞机航拍、三维建模等，全面开展遗址测绘、信息提取，并注重对陶范、熔炉、地层遗物、动植物、人体骨骼、青铜器等标本筛选、提取和科学检测分析。

二、发掘概况

1. 辛店商代晚期铸铜遗址

遗址位于安阳市北关区柏庄镇辛店村西南，距殷墟遗址的直线距离约 10 千米。经过全面的勘探调查，初步确定了辛店遗址范围，南北长约 1400、东西宽约 750 米，总面积约 100 万平方米。2016～2021 年先后对辛店遗址进行了 3 次较大规模的发掘，发掘总面积约 6000 平方米，出土了一大批青铜器、玉石器、骨蚌器、陶器等，与铸铜相关遗物 4 万余件。

2016 年，辛店遗址总计发掘面积 1360 平方米。清理出大范围的商代晚期铸铜遗迹及 40 座商代墓葬，其中有大型铜器浇铸作坊、烘范窑、阴范坑、取土坑、水井等，出土陶范、芯、模、炉壁、磨石等与铸铜相关遗物约 3000 件，初步证明辛店遗址是一处大型的商代晚期铸铜遗址。

2018 年 11 月至 2019 年 10 月，对辛店遗址进行第二次考古发掘，发掘总面积 4200 平方米。共清理先商、商、西周、战国、汉、隋唐、宋时期的灰坑、窖穴、水井等遗迹 415 处，其中先商时期 11 处、商周时期 200 余处。发掘极为丰富的铸铜遗迹，有独立铸铜作坊区 5 处，以及相关的浇铸场地、小型窑址、烧土硬面、范土淘洗池、大型取土坑、铸铜废弃物堆积坑等。出土

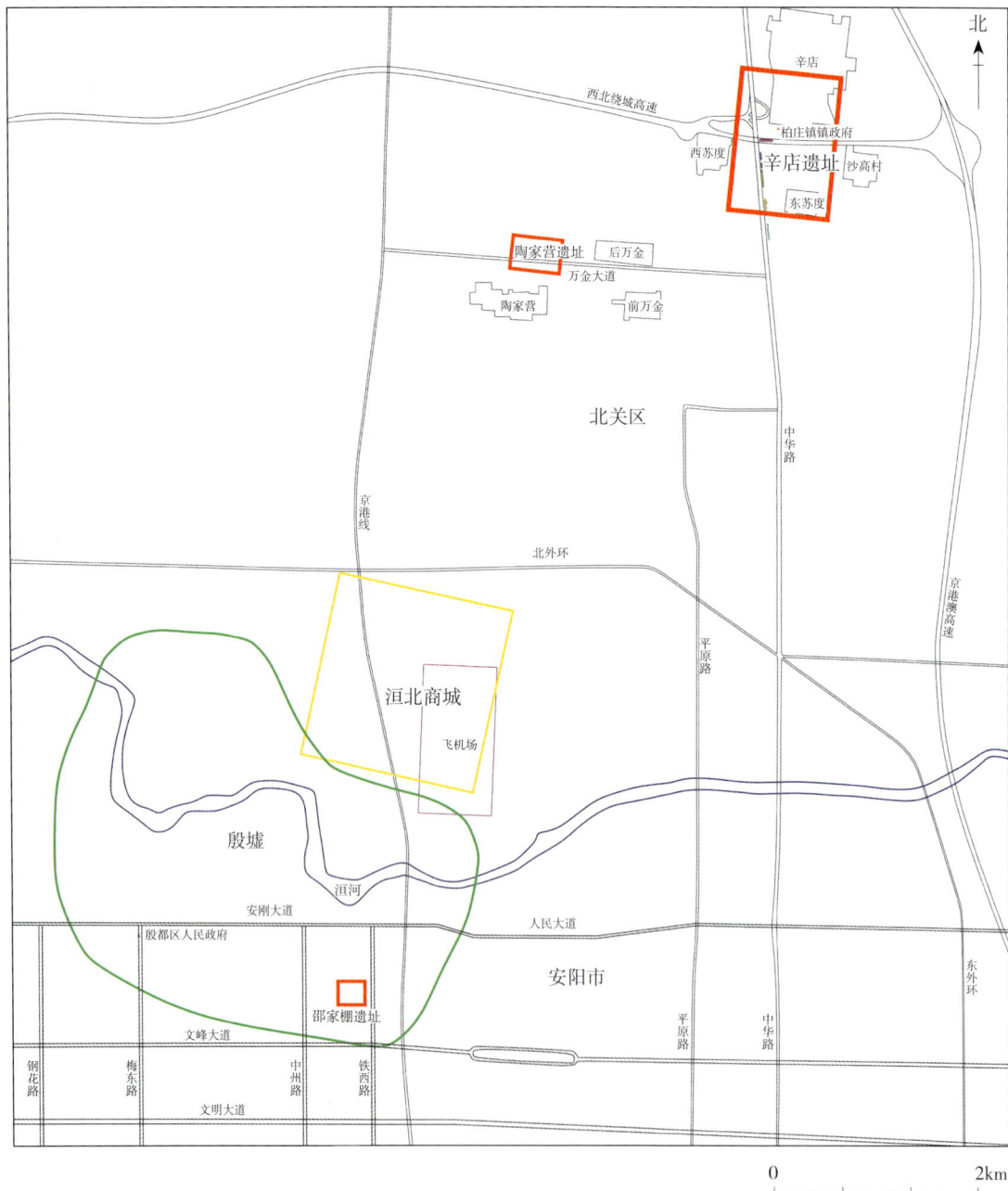

辛店、陶家营、邵家棚遗址位置图

铸铜遗物数量巨大，可分为熔铜器具、铸铜器具、铸铜工具、铜器打磨修整残留物及其他等五大类。有陶模、陶范、陶芯、炉壁、磨石、陶管、铜刻刀、铜刻针、骨针、木炭、铜块、卜骨等，集中出土于灰坑和窖穴内。经初步统计，出土陶模、范、芯约32000块。发掘商代墓葬40座，保存完整且规模较大的有M11、M24、M48、M49、M50、M54等，出土了一大批青铜礼器、兵器、工具和玉石器、陶器、骨蚌器、漆器等，其中青铜容器46件。8座墓葬出土的30件青铜礼器

辛店遗址 D 区工棚式熔铸作坊 F9 第⑧层

上，共计有 33 处（其中有 3 件为盖底同铭）带有"戈""戈齐""陶戈""戈父乙"等字的铭文。该批墓葬主人应为辛店铸铜工场的管理者或工匠，墓葬时代多为殷墟四期，包括四期晚段。

2020 年 8 月至 2021 年 10 月，为了解决辛店遗址的时代、铸铜遗址的布局和范围问题，开展"大邑商"研究，对辛店遗址进行了主动性发掘。此次发掘发现商周时期遗迹共 59 处，包括商周时期房基 3 处、熔铸一体铸铜作坊 1 处、灰坑 52 个、墓葬 3 座。出土陶范、炉壁及与铸铜相关的工具如青铜块、鼓风管、磨石、骨器等器物 12000 余件。此次工作非常重要的收获是发掘了一处独立的熔铸作坊 F4，为遗址铸铜时代的研究提供了重要的线索。

辛店商代晚期铸铜遗址是目前已知的我国商代晚期乃至世界上同期最大的青铜铸造工场遗址。该铸铜遗址规模巨大，布局清晰，保存完整，技术先进，专业性强，出土遗迹遗物种类多、数量大，代表了商代晚期青铜铸造的最大规模、最高规格和最高水平，为中国古代青铜铸造史和商周时期青铜技术传承创新、传播交流的研究提供了重要的资料，是研究殷墟遗址范围布局、殷墟文化及"大邑商"等问题的一次突破性的考古发现。

2. 安阳陶家营遗址

遗址位于安阳市北关区柏庄镇陶家营村北地，南距洹北商城 3.8 千米，遗址总面积约 18 万平方米。2021 年 4 月至 12 月，对该基址的西南部进行了发掘，发掘面积约 2160 平方米。

方鼎范（H180∶1）

分裆鼎范（H64∶1）

簋范（H180∶9）

分裆鼎范（H329∶2）

圆鼎范（H329∶4）

尊范（H390∶2）

尊范（H329∶6）

方罍范（H340∶1）

铭文芯（H64∶10）

2018~2019 年辛店遗址发掘区出土陶范

辛店遗址 M11（上为东）

辛店遗址 M11 出土的青铜礼器组合

铜圆鼎内腹器壁
（M11：2）

铜方鼎内腹器壁
（M11：3）

铜鼎内腹器壁
（M11：7）

铜簋内腹底部
（M11：8）

铜甗内腹器壁
（M11：8）

铜罍錾手处
（M11：10）

铜罍圈足底部
（M11：12）

铜卣器盖内腹器壁
（M11：13）

铜卣器身内腹底部
（M11：13）

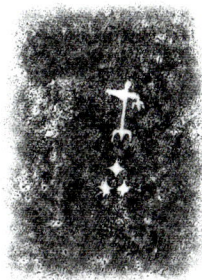

铜盘内腹底部
（M11：23）

铜尊内腹底部
（M11：24）

铜觚圈足内壁
（M11：25）

铜觚圈足内壁
（M11：26）

铜爵錾手处
（M11：33）

铜觯内腹底部
（M11：34）

铜爵錾手处
（M11：35）

辛店遗址 M11 铜器铭文拓片

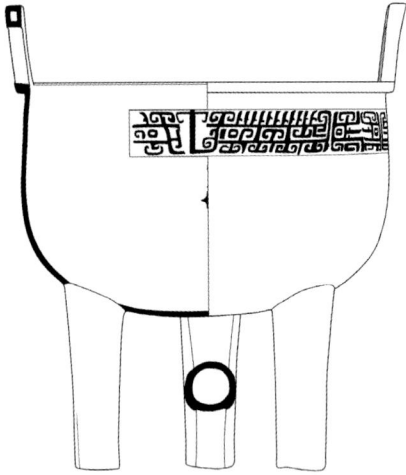

铜鼎（M11：2）

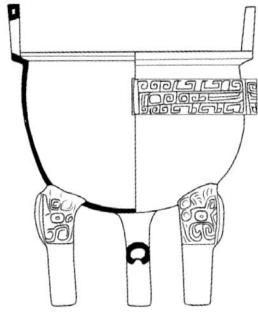

铜鼎（M11：7）

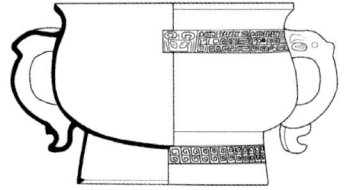

铜簋（M11：8）

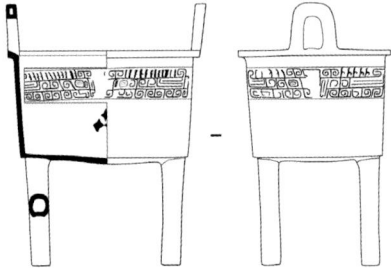

铜方鼎（M11：3）

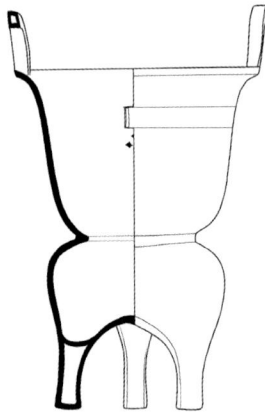

铜甗（M11：9）

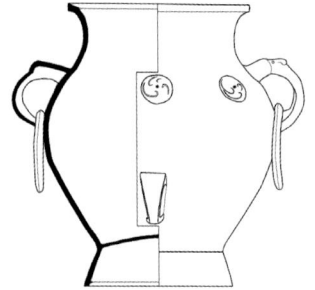

铜罍（M11：12）

0　　　　　　10cm

辛店遗址 M11 出土铜器

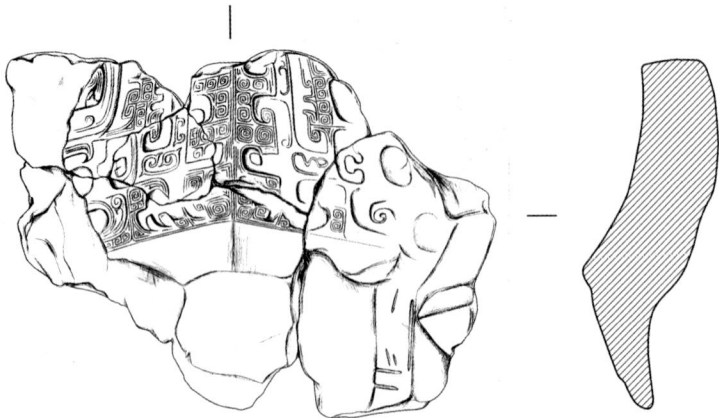

0　　　　　6cm

辛店遗址出土分裆鼎陶范（H64：1）

清理各时期灰坑、窖穴、水井 132 处以及房址 1 处、陶窑 1 处、墓葬 39 座。其中主要为商代中期遗迹，包括灰坑、窖穴、水井 82 处以及房址 1 处、陶窑 1 处、墓葬 27 座，另有壕沟、夯土基址遗迹等。

在发掘过程中我们对该遗址进行了勘探调查，发现陶家营遗址平面呈长方形，东西长约 560、南北宽约 330、总面积约 18.5 万平方米。在遗址东部发现有围合平面略呈方形的环壕，南北长约 330、东西宽约 300 米。在环壕内侧中部偏北勘

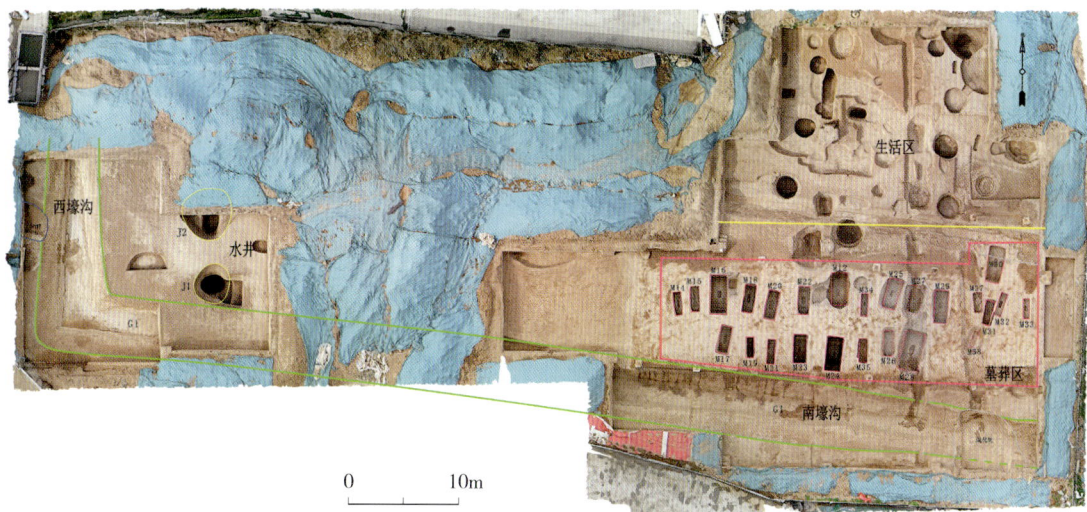

陶家营遗址发掘区（正射影像）

陶家营遗址 M12

陶家营遗址 M12 出土青铜礼器组合

陶家营遗址出土铜钺（M12：15）　　　陶家营遗址出土铜壶（M12：9）

铜鼎（M12：37）　　　铜斝（M12：37）　　　铜觚（M12：3）　　　铜觚（M12：7）

陶家营遗址 M12 出土铜器

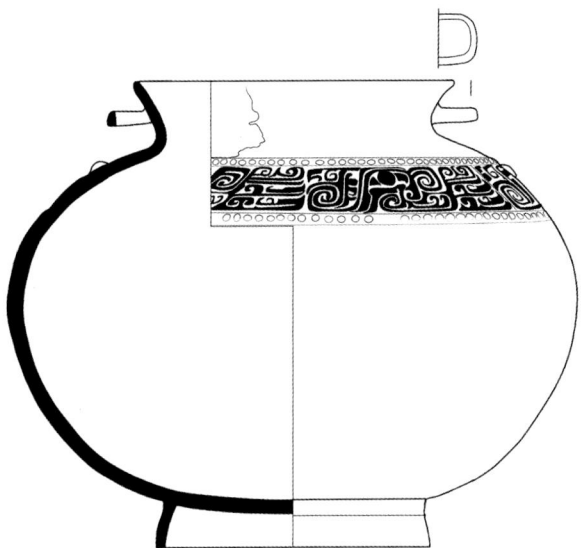

铜瓿（M12：4）

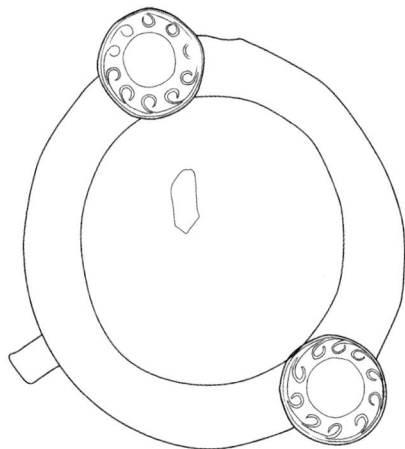

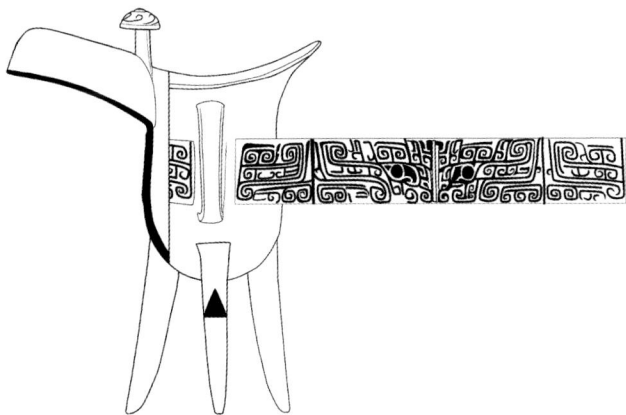

铜爵（M12：8）

0　　　3cm

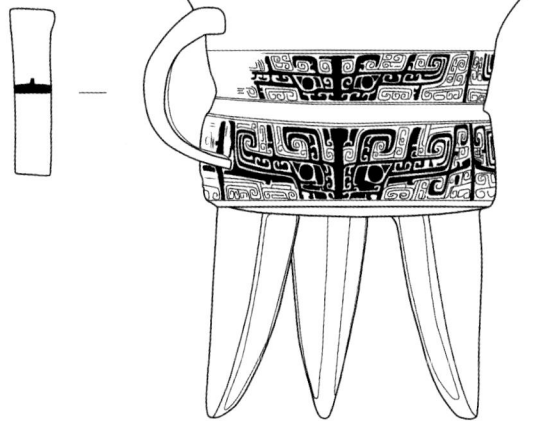

铜斝（M12：5）

陶家营遗址 M12 出土铜器

玉戈（M12：20）　　　　玉柄形器（M12：26）　　　　玉柄形器（M12：27）

玉饰（M12：28）　　　　玉柄形器（M12：29）　　　　玉柄形器（M12：30）

陶家营遗址出土玉器

探发现 1 条东西向的壕沟，长约 135、宽约 3.5~4.0 米，沟两端均向南呈直角状延伸，推测这应为一处内部环壕遗迹，并且在该环壕内西北部发现有大面积的夯土台基遗迹。由此判断陶家营遗址属于双环壕性质的遗址。

此次发掘非常重要的收获是发现了一批洹北商城时期青铜器与陶器伴出的墓葬，填补了这一时期考古的空白。此次清理商代墓葬 27 座，基本保存完好，除 2 座小型墓葬外，其余 25 座主要集中在南壕沟西段北侧，呈南北两排，并列分布，十分规整，初步判断这批墓葬的时代均与洹北商城同时期。经统计，墓葬内共出土

各类器物 172 件，包括铜器、陶器、玉石器、骨器、蚌器和贝等，其中铜器与陶器数量最多，铜器共计 70 余件。

M12 位于这批墓葬的中心位置，保存完整，形制较大，出土器物丰富，最具代表性。M12 为长方形竖穴土坑墓，平面略呈长方形，长 2.82、宽 1.46~1.50、深 2.46 米。墓底中部偏南设有长方形腰坑。葬具为木质一椁一棺，墓主人骨位于棺内，头北面东，俯身直肢。根据体质人类学和牙釉蛋白鉴定综合分析，M12 墓主人为成年男性。墓内共发现殉狗 3 条，分别置于东二层台及腰坑内。M12 出土各类器物 37 件，包括青铜

器、玉器、石器、蚌器。墓内出土较多的青铜兵器，且种类丰富，包括钺、戈、戣、矛、刀、镞等和1件玉质精良、制作精美、形制硕大的玉戈，显示了墓主人具有军事首领的身份。从出土器物判断M12的年代应在殷墟一期早段与中商二期之间。

从陶家营遗址的地层关系，遗址和墓葬内出土的陶器、青铜器等类型来看，遗址的主要年代为商代中期，具体为洹北商城时期。陶家营遗址范围大，遗迹分布密集，文化内涵十分丰富，是洹北商城北部同一时期重要的卫星城。从文化发展序列来看，上接二里岗上层文化，与白家庄期文化紧密相连，出土文物表明其与同时期的北方草原和山东等地文化有相互影响，向下则开启了辉煌的殷墟文化。陶家营遗址的发现进一步丰富完善了商代中期和晚期的文化序列，具有重要的考古价值。人骨的锶、氧同位素科技检测表明，有大量的陶家营遗址的人们来源于安阳之外的地区，特别是M12墓主人来源于纬度较高且较为寒冷的北方。上述发现见证了洹北商城时期商王迁殷后人口大量集中到安阳地区这一段真实的历史。

3.邵家棚商代遗址

邵家棚商代遗址位于殷都区铁西路与新安街交叉口西南，邵家棚村村北一带。为配合安阳市殷都区棚改项目，2019年10月开始至2021年11月，对项目占地范围进行了全面系统的考古发掘。本次发掘共揭露遗址面积6500平方米，清理殷墟时期灰坑176个、房基18处、墓葬24座、车马坑4座，出土了一大批商代青铜器、玉石器、陶器、骨蚌器、车马器等器物。

本次清理的18处房基，大致可组成3座多进式院落。3处院落均为南北向，平面呈"日"字形，为下沉式院落。地面平整，坐北朝南，经过多次修复和利用。第一处院落由F1～F4共计4座房基组成；第二处院落由F6～F10共计5座房基组成；第三处院落位于遗址的最东边，由F12～F16共计5处房基组成，其中F12和F13组成前院，其他3座房基组成后院。通过地层和叠压打破关系可知，三处院落的始建年代为殷墟三期，废弃年代为殷墟四期晚段。新发现的这批

邵家棚遗址 M106（上为西）

邵家棚遗址 M106 墓室

邵家棚遗址 M89

邵家棚遗址 M98 出土青铜器组合

房址内部有木质房屋踏步，内墙上有砂浆泥加白灰装饰的"外立面"，是殷墟第一次发现。

发掘商代灰坑 176 个，灰坑平面分为圆形和不规则形两类。均开口于④层下，开口距地表 1.1～1.5 米，灰坑面积大小不一。填土多呈灰褐色，包含红烧土块、炭灰，土质疏松。商代灰坑内出土大量的泥质灰陶和红陶片，形制特征符合殷墟四期晚段陶器特征。其中 H243 出土一件青铜觥盖，盖内铭文有"己亥箙貝（杞）易（赐）貝三朋用乍（作）彝"12 字，非常重要。

发掘商代墓葬 24 座，均为南北向长方形竖穴土圹墓，其中 M81、M98、M102、M109 等 4 座保存较好，共计出土青铜礼器 20 余件（套），上有铭文"册"。并出土青铜兵器、工具、弓形器及陶器、玉石器、骨蚌器等，数量丰富。M106 位于 2 号院落中部，是殷墟南区目前发现的最大

的商代墓葬，该墓平面呈"中"字形，南北总长 30 余米。根据墓道和墓室内出土陶鬲、陶盘的形制，初步判断墓葬时代为殷墟四期晚段。

清理商代车马坑 4 座，共计 6 辆车，分别位于 M106 东侧、西南侧和西侧，其中有代表性的是 K3。K3 位于 M106 墓室西侧约 38 米处，坑内并排有 3 辆马车，西侧 2 辆车保存完整，装饰豪华，青铜构件、车饰及青铜马饰及骨、贝、蚌饰保存完好。东侧的一辆车仅存部分车轮、车舆。

邵家棚遗址面积较大，时间延续长。遗址大约从殷墟三期开始，一直延续至殷墟四期晚段。邵家棚遗址位于殷墟保护区的南部边沿，遗迹分布密集，文化内涵丰富，各类遗迹保存较完整，出土器物多且种类丰富。特别是该遗址以 10 余处房基组成的 3 座多进式院落、M106"中"字形大墓及其周围的 4 座车马坑为代表，充分体

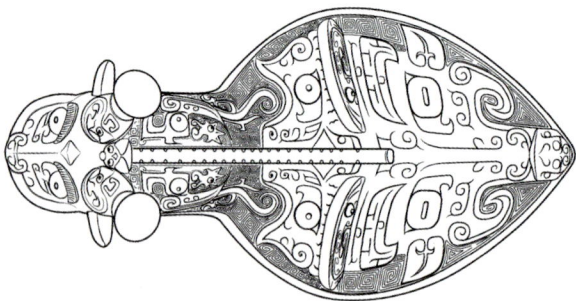

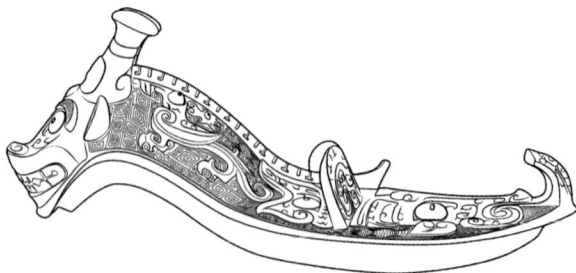

邵家棚遗址 M98 出土铜觥盖

邵家棚遗址车马坑 K3

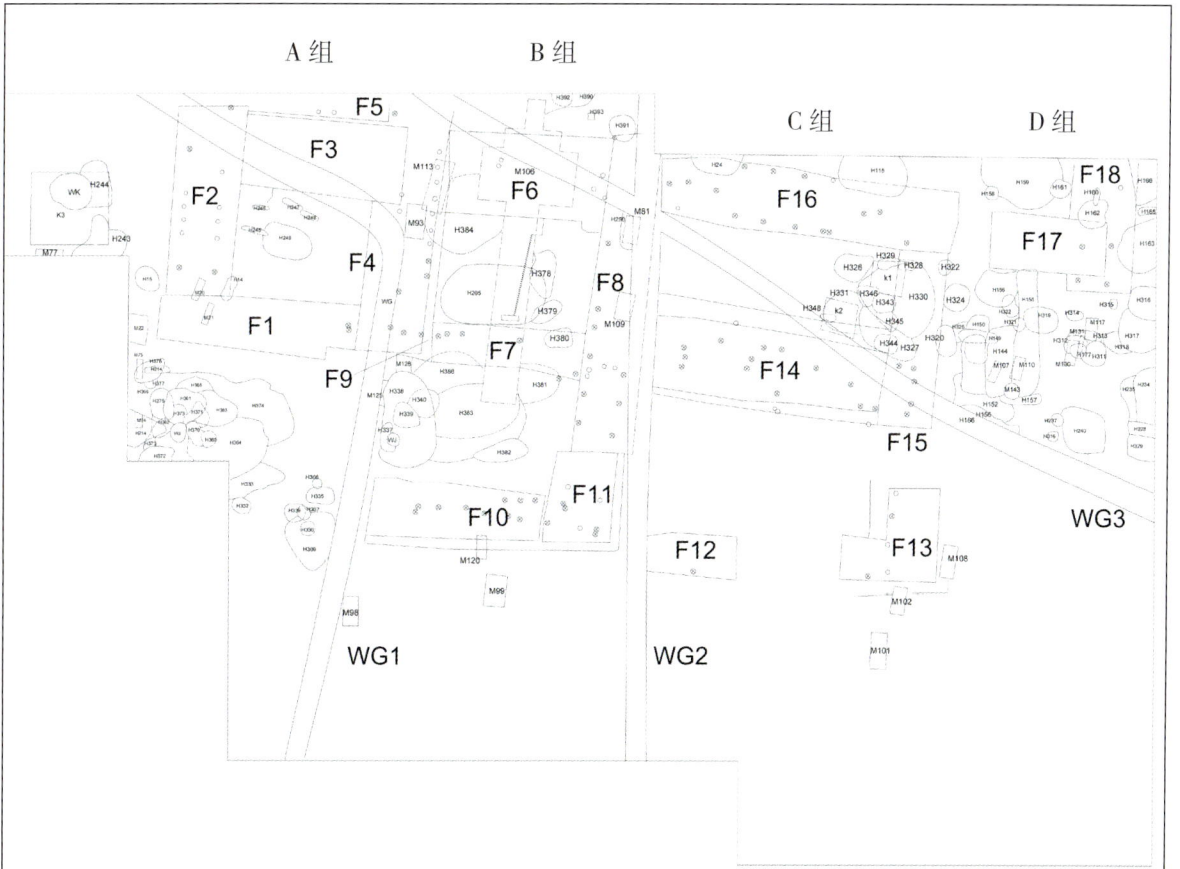

邵家棚遗址院落布局

现该遗址在殷墟南区的核心地位和价值，是近期殷墟南区考古一次十分重要的发现，为研究殷墟范围、布局和"大邑商"等提供了重要的资料。遗址内发现的4座商代墓葬均随葬有大量"册"字铭文青铜器，表明此处为商代晚期"册"族人居住区域。此发现为研究商周时期"册"族居住、迁徙、姻亲关系、地位、业态等问题提供了新线索。

三、初步认识

近期，殷墟周围地区以辛店遗址、陶家营遗址、邵家棚遗址等为代表的系列商代考古新发现，揭示出殷墟核心区10千米之外的北部、东北部、东部、东南部、南部等区域存在着多处与洹北商城、殷墟属于同一时期的非常重要的聚落城邑和大型、特大型手工业生产基地（主要是铸铜）。这些新发现的商代中期、晚期聚落遗址和手工业生产基地面积大、延续时间长，文化内涵丰富且又相对独立。遗址的时代和文化内涵与洹北商城、殷墟遗址相同，都属于殷墟都城文化遗址圈，可以证明在这一时期存在低密度化城市这一历史事实。尤其重要的是，这些新发现的商代晚期聚落围绕在殷墟都城的核心区周围，应该都是当时都城"大邑商"的重要组成部分，遗址的发现突破了我们以往对殷墟范围、布局的认识，见证了真正意义上"大邑商"的范畴，使我们充分了解了历史文献和甲骨文中关于"大邑商""天邑商"的记载。

■ 撰稿：孔德铭、孔维鹏、焦鹏

ABSTRACT

Between 2019 and 2022, Anyang Institute of Cultural Relics and Archaeology conducted large-scale systematic excavations of the outer regions of the Anyang Yinxu ruins, including the Xindian, Taojiaying, and Shaojiapeng sites. The total area excavated exceeded 20,000 square meters. The discoveries were abundant, containing cast bronze, medium and large burials, and funeral pits of horses and chariots, each of which had distinct features. The relics include Shang bronze vessels, jade and stone wares, bone and shell tools, as well as around 40,000 pieces of ceramic molds and cores used for bronze casting. The discoveries revealed that the outer cultures, located about 10 km from the central Yinxu site, were connected to the capital city and were a part of the greater Yinxu ruins, giving important new data to study the scope and layout of the "Dayishang" capital region.

甲骨文
发现与研究

一、甲骨文的文化价值

中华文明是人类历史上唯一传承数千年没有中断的文明，这一事实的重要见证就是我们的文字没有中断。汉字作为一种原生文字，不仅是人们交流的工具，更重要的则是中国文化的载体。己身文明的概念体系、知识体系、思想观念，全赖于文字的承载与传承。事实上，文字的传承也就体现着文化

的传承，所以文字的创造是中华文明的重要成果。

商代甲骨文是契刻或书写在龟甲和兽骨上的文字，主要用于祭祀通神的占卜记录和记事。文字的创造普遍运用六书的方法，单字数量已逾4000，是早期成熟汉字体系文字的代表。

孔子有言："夏礼吾能言之，杞不足征也。殷礼吾能言之，宋不足征也。文献不足故也，足

商代涂朱与朱书卜辞

则吾能征之矣。"(《论语·八佾》)孔子所说的文献并不是后人对夏商历史的研究成果，而是夏商先民遗留的原始文献。商代甲骨文即孔子未曾得见的直出殷商先民之手的文献元典，不仅是重建殷商信史的直接史料，同时更为重建殷商以前的中国上古史奠定了基础，其价值无可替代。殷墟甲骨文的发现和发掘直接促成了中国考古学的诞生，而殷墟作为晚商王庭"大邑商"，或神之而名曰"天邑商"，其性质的证认也正由于有甲骨文的发现和殷墟的考古发掘。甚至夏代早期王庭之名"文邑"，竟也见于商代甲骨文的记载。夏王庭文邑至商代已沦为夏墟，犹今人视商王庭为殷墟。显然，商代甲骨文对于夏王朝信史的确认也是至为重要的史料。

刻有"大邑商"的商代卜辞

刻有"天邑商"的商代卜辞

山西襄汾陶寺遗址出土朱书"文邑"

殷墟出土刻有"文邑"的商代卜辞

小屯 YH127 坑出土刻辞卜甲

二、商代甲骨文的发现

甲骨文值清代始多出土于河南安阳小屯村，初为乡民用以填井，或制为刀尖药，更或以其为药材龙骨而售卖，但其上的刻字则须尽数刮去，毁弃者不可胜计。至光绪二十四年（1898 年），甲骨文首次为学者认识到系有价值的古物，并于次年（1899 年）开始，为北京的王懿荣、天津的王襄和孟定生等人陆续收藏。至今已发现的商代刻辞甲骨约 15 万片，其中经科学发掘的有 35000 余片，内容涉及商代政治与生活的各个方面，是商代历史的文献宝藏。

殷墟甲骨文的考古发现，其特别重要者有三次。

1. 小屯 YH127 坑

1936 年 6 月，中央研究院历史语言研究所考古组在殷墟进行第 13 次发掘，于小屯东北地发现 YH127 坑，出土刻辞甲骨 17096 片，为目前殷墟考古发掘所获刻辞甲骨数量最多的完整窖藏。

2. 小屯南地甲骨

1973 年 3~12 月，中国科学院考古研究所（1977 年后属中国社会科学院）安阳工作队于小屯村南发现刻辞甲骨 5335 片，这是第一次充分运用成熟的科学考古发掘方法所获得的甲骨文资料。其地层明确，伴出物丰富，为卜辞时代的确定提供了坚实证据。

3. 殷墟花园庄东地甲骨

1991 年秋，中国社会科学院考古研究所安阳工作队于殷墟花园庄东地发现 H3 坑，出土刻辞

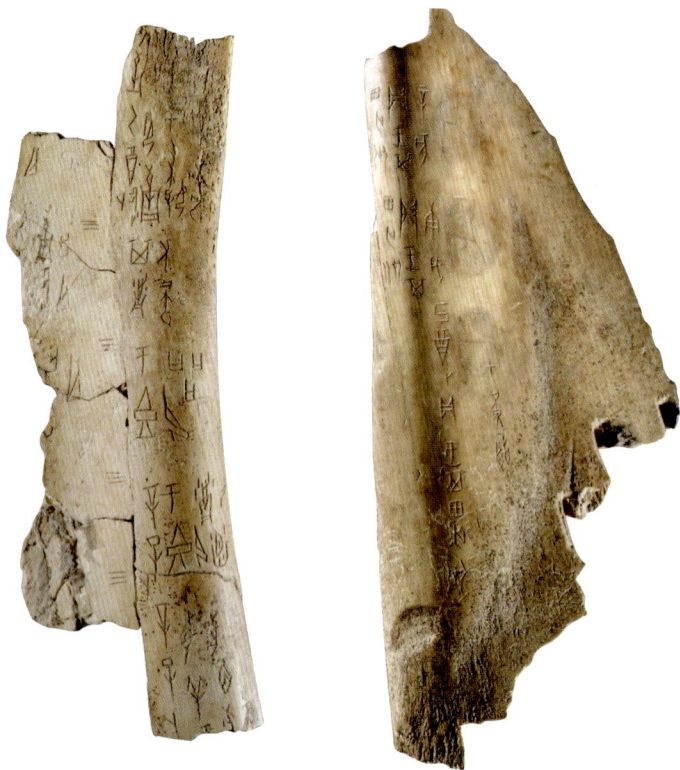

小屯南地出土刻辞卜骨

甲骨 689 片。卜辞的占卜主体并非商王，而为王室小宗的宗子，属非王卜辞，其材料新颖，史料价值独特。

今天发现的商代甲骨文，地点已扩大到殷墟以外，族属也包括周人。

三、甲骨文的著录研究

1903 年，在罗振玉的建议下，刘鹗将其所藏的刻辞甲骨选拓 1058 片，石印出版《铁云藏龟》，为第一部甲骨文著录著作。1904 年，孙诒让作《契文举例》，为第一部甲骨文研究著作。两作具有椎轮草创之功。

在甲骨文研究的早期阶段，"甲骨四堂"的工作最令人瞩目。1910 年后，罗振玉相继出版《殷商贞卜文字考》《殷虚书契考释》等著作，正确释读出一批甲骨文字，并考证了大部分商王名号，使卜辞基本得以识读，这些工作标志着甲骨学研究的真正开始。郭沫若曾对罗氏的贡献给予高度评价。1917 年后，王国维作《戬寿堂所藏殷虚文字考释》《殷卜辞中所见先公先王考》等，通过卜辞缀合，纠正了《史记·殷本纪》有关商王世系的错误，重建商王世系。1933 年和 1937 年，郭沫若分别作有《卜辞通纂》和《殷契粹编》，发凡辞例，佐证文献，使卜辞成为可通读和利用的史料。1933 年，董作宾发表《甲骨文断代研究例》，将甲骨文的时代分为五期，极大地提高了甲骨文的科学价值，标志着甲骨学作为一个独立学科正式形成。

这些工作奠定了甲骨学研究的基础，卓尔不群。同时，以唐兰、胡厚宣、于省吾、陈梦家、张政烺、李学勤、裘锡圭为代表的一批学者，于

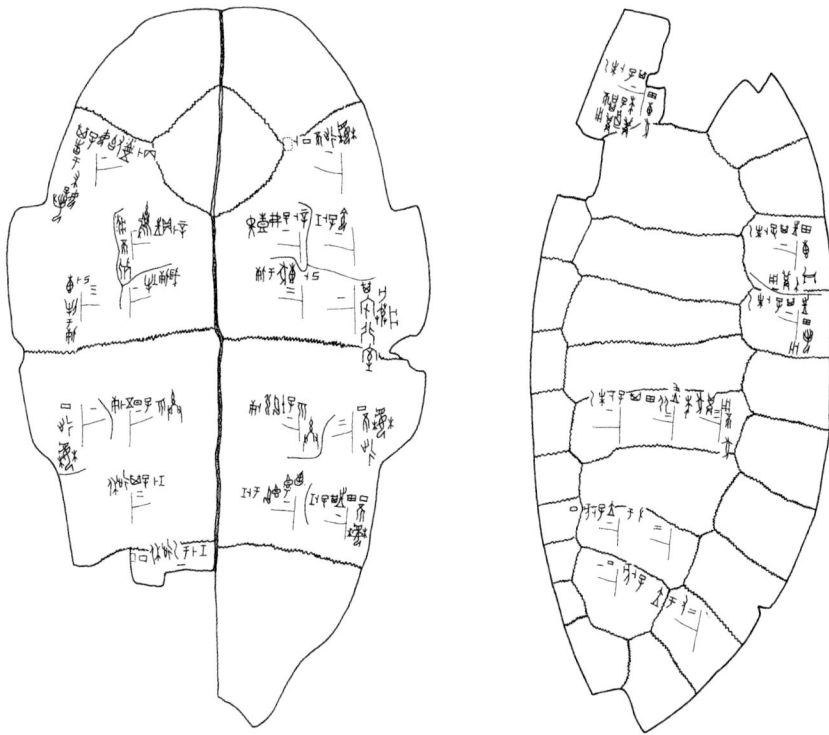

殷墟花园庄东地出土刻辞卜甲

甲骨学商史研究也做出了卓越贡献。

目前出版的重要甲骨文资料集有郭沫若主编、胡厚宣总编辑的《甲骨文合集》十三巨册，具有里程碑意义。其他如《甲骨文合集补编》《小屯南地甲骨》《殷墟花园庄东地甲骨》《殷墟小屯村中村南甲骨》《英国所藏甲骨集》《怀特氏等收藏甲骨文集》等，汇罗丰富。重要的甲骨学著作有《甲骨学商史论丛》《殷虚卜辞综述》《甲骨文字释林》《商代史》《百年来甲骨文天文历法研究》《商代地理概论》《殷墟卜辞研究》等。

四、新时代甲骨学的传承发展

1. 甲骨学研究的深入

学术研究的长期积累以及甲骨学与考古学和其他相关学科的广泛结合，标志着甲骨学研究步入成熟，且日渐繁荣。

近数十年间，甲骨文字考释最重要的成就当首推对长期困扰学术界的数字卦的成功解读，这对《易》学的形成以及中国早期思想史的研究具有重大意义。

甲骨文的分期断代研究由于充分借鉴了考古学的理论方法，不仅解决了师组、午组、子组诸卜辞的时代问题，而且对历组卜辞时代的讨论也日益深入，取得了诸多重要进展。

殷商年代的确定是重建殷商历史的关键。甲骨文日月食资料作为殷商先民的真实观测记录，为重建殷商年代提供了珍贵史料，相关研究获得了突破性进展。如对发生于公元前 1161 年 10 月 31 日的乙巳日食的考订，不仅证明殷人已经掌握了交食周期，而且对于甲骨文断代乃至地日运动

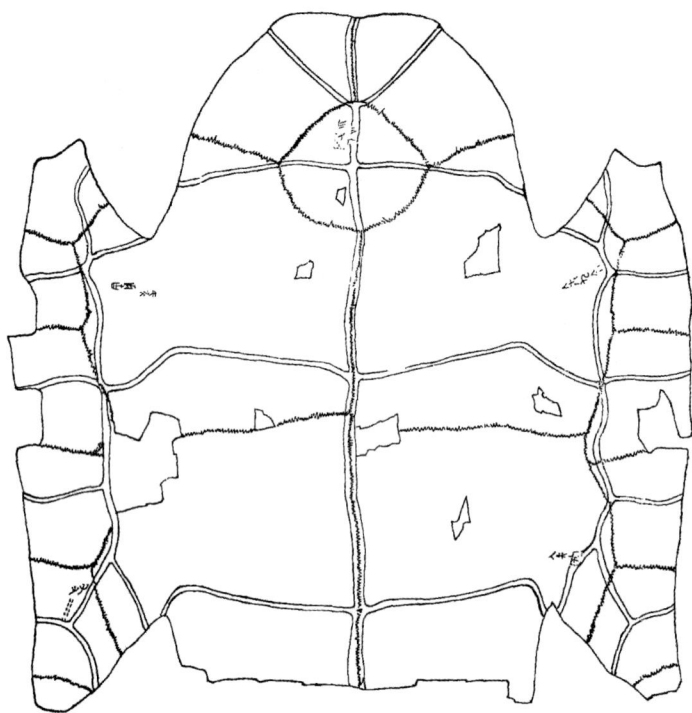

殷墟出土数字卦龟甲

乙酉月食刻辞

乙巳日食刻辞

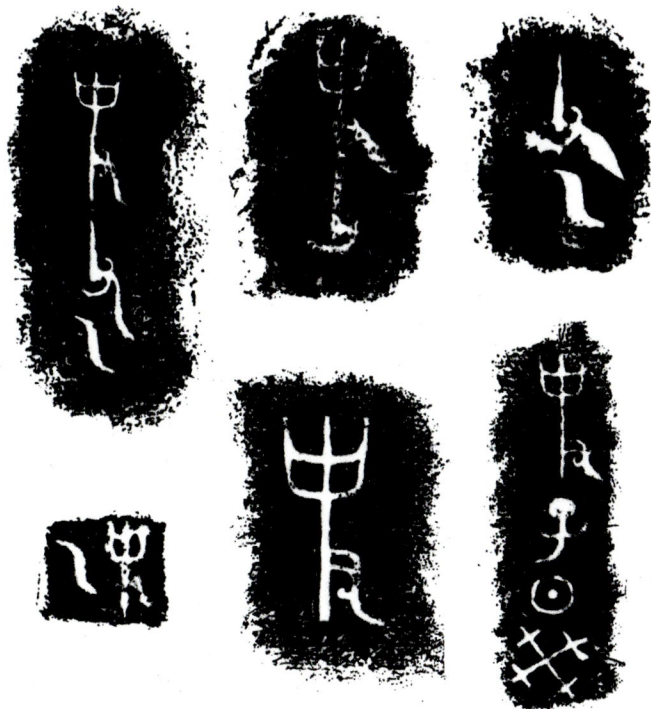

山东滕州前掌大商周史氏家族墓地出土铜器铭文拓本

的研究都具有非常重要的意义。

如果说年代学研究关乎殷商信史的时间框架的话，那么历史地理的研究就直接决定着重建殷商历史的空间框架。虽然商代地理研究必须利用甲骨文资料，但脱离考古学是不可想象的。考古发掘所获得的铭刻资料提供了解决商代地理问题的可靠材料，使对地望的考订迎刃而解，极大地推动了商代地理研究的深化。如山东滕州前掌大商周史氏家族墓地的发现，即确定了甲骨文所记的商代薛国地望。类似的成果，不一而足。

有关殷商历史诸问题的研究全面展开，涉及政治、祭祀、卜法、军事、宗教、礼制、刑罚、经济、医学、艺术、哲学思想、社会生活等，广泛而深入，成果丰硕。

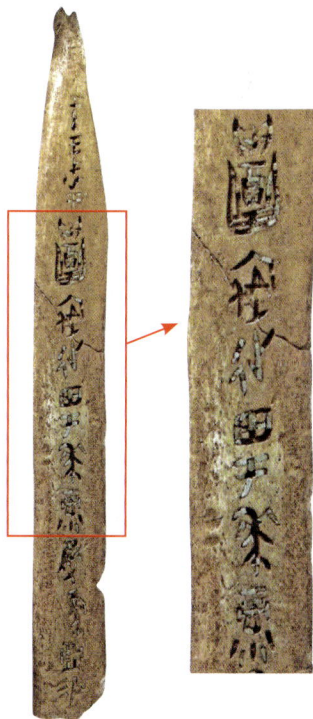

殷墟出土镶嵌绿松石刻辞

2. 甲骨文资料的全面整理

甲骨文资料的整理和缀合，成就超越以往。不仅考古发掘提供了前所未见的重要资料，而且如国家图书馆、故宫博物院以及散藏在全国各博物馆、研究所、大学等单位的甲骨文资料都得到了系统整理。

刻辞甲骨的缀合工作可使残文复完，极大地提高了卜辞的史料价值。学者或于此专心致志，成果突出。

各种甲骨文字典、字表、诂林、类编、类纂等不同形式工具书的编纂，既是对甲骨文资料进行的重新整理，也反映了作者对相关问题的深刻思考。

甲骨文研究自其发现至今经历了 120 多年的发展，经数辈学者的努力，已发展为成熟的国际显学，研究者遍及中、日、韩、美、加、英、法、俄等国，著述逾万，对重建中华文明的信史发挥着独特而重要的作用。

■ 撰稿：中国社会科学院考古研究所　冯时

ABSTRACT

As the representative of the early mature Chinese character system, the oracle bone inscriptions of the Shang Dynasty are direct historical materials for the study of the history of the Shang Dynasty, and have irreplaceable value for the reconstruction of the early history of the Chinese nation. The discovery of oracle bone inscriptions not only contributed to the birth of Chinese archaeology, but also formed a unique oracle bone study through the full use of archaeological theories and methods and the extensive combination with other relevant disciplines, and has since developed into an prominent study internationally, which plays an important role in promoting Chinese traditional culture.

云南省昆明市
河泊所遗址

发掘单位：云南省文物考古研究所、晋宁区文物管理所

河泊所遗址位于云南省昆明市晋宁区上蒜镇河泊所村，滇池东南岸冲积平原上。1958 年发现，2008~2010 年云南省文物考古研究所与国外高校合作进行区域系统考古调查中进一步确认。2014 年，经国家文物局批准，云南省文物考古研究所开始在此区域进行系统的考古勘探及发掘工作，目的是要寻找石寨山文化（俗称滇文化）聚落的遗址和可能存在的城址。

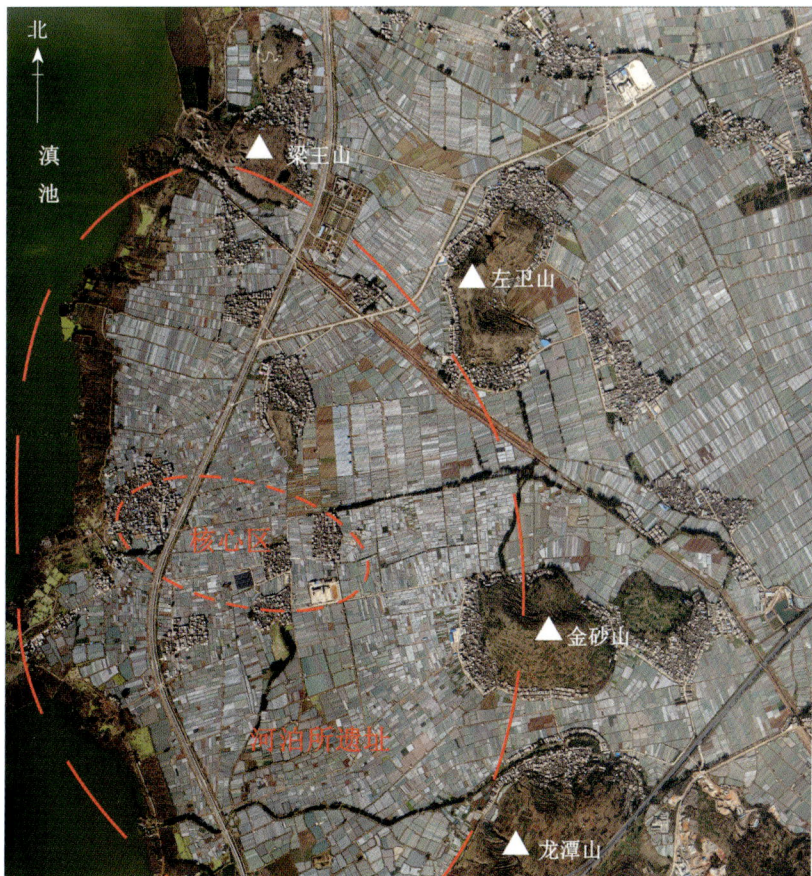

河泊所遗址范围

北部发掘区古河道边缘的灰烬堆，堆积内集中出土封泥（下为北）

一、遗址概况

经过多年的考古勘探，发现河泊所遗址为一处商周—汉晋时期的大型遗址，总面积约 12 平方千米，西起滇池，北、东和南分别被梁王山、左卫山、金砂山和龙潭山等包围，它们形成天然的地理分界线。河泊所村至上蒜第一小学一线遗存分布集中，为遗址核心区，面积约 3 平方千米，核心区北侧不到 1 千米处便是著名的出土"滇王之印"的石寨山墓地。核心区内早期地理环境为台地和水系相间分布，台地上文化堆积丰富，为人类活动的主要场所。

自 2015 年始，先后在这一地区发掘的地点有 9 处，清理面积 7000 余平方米，揭露出以早于滇文化、滇文化、两汉三个时期为主的灰坑、房屋、沟、水井、河道、灰烬、墓葬等遗存，对遗址范围、布局、年代、性质、古环境等有了较为清晰的认识。

2021~2022 年的发掘地点位于上蒜第一小学附近，分南、北、西三个发掘区，发掘面积共计 2600 平方米。发掘过程中，秉承区域考古和多学科合作的理念，除了重要文物，还对陶片、建筑构件残件、动物骨骼、植物遗存、人类遗骸、炼渣、矿石、玉石、木材等人工遗存和自然遗存进行了系统采集，文化层土样全部进行了湿筛，测年样本、浮选样本、土壤微环境样本也进行了有效的提取。

二、发掘收获

发掘工作取得重要收获，揭露遗存以两汉时期为主，主要分为以下四项。

（一）封泥

共出土封泥 837 枚。其中占比最大的为官印封泥，共 358 枚，印文包括"益州""犍为"等郡级区划和益州郡下辖的 20 个县级区划名称，涉及太守、长史、长、令、丞、尉、仓等职官名称 10 余种；其次为私印封泥，如"宋虞之印""君冯私印"等，这些封泥与官印封泥同出，表明这些私印的主人身份较为特殊，可能是当时的各级官员；另有少量道教封泥及无字封泥。

封泥几乎全部出土于北部发掘区的古河道

益州太守章

同劳丞印

宋虞之印

君冯私印

封泥

废弃堆积中，其中又以河道边缘的数层灰烬堆最为集中。灰烬堆积一般为炭屑和红烧土相堆叠，其形成可能和大量有机质材料燃烧有关，封泥恰好在燃烧的时候发生陶化，而后被保留下来。

（二）简牍

2022 年清理出一批汉代简牍，其中有字简牍1000 余枚，无字简牍 10000 余枚，另出土有封泥匣和疑似蘸水笔等遗物。简牍主要出土于南部

简牍主要出土单位 H18

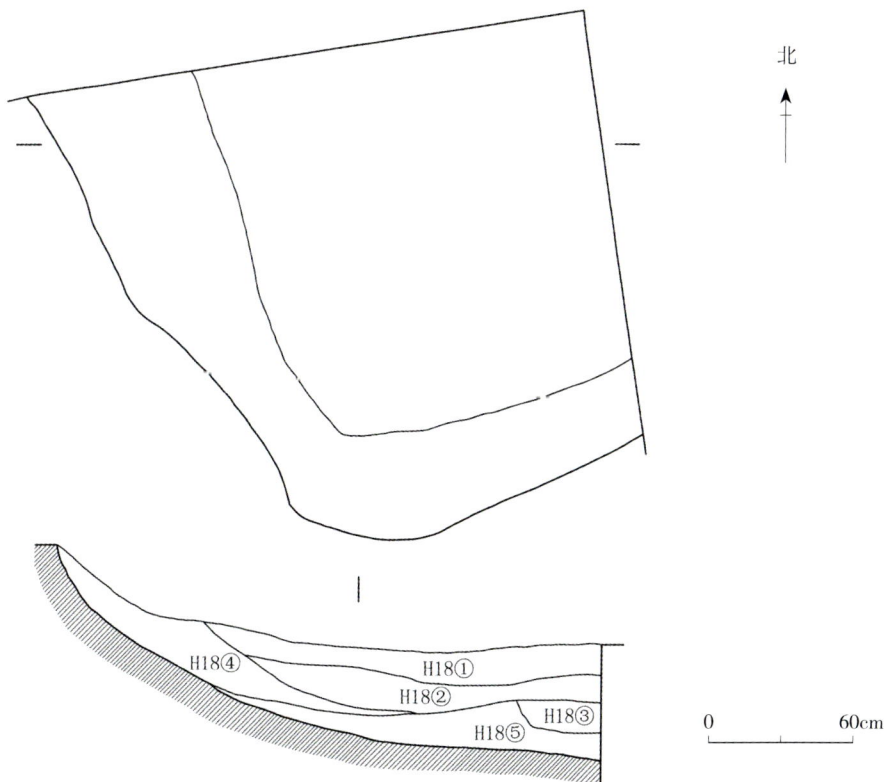
H18 平、剖面图

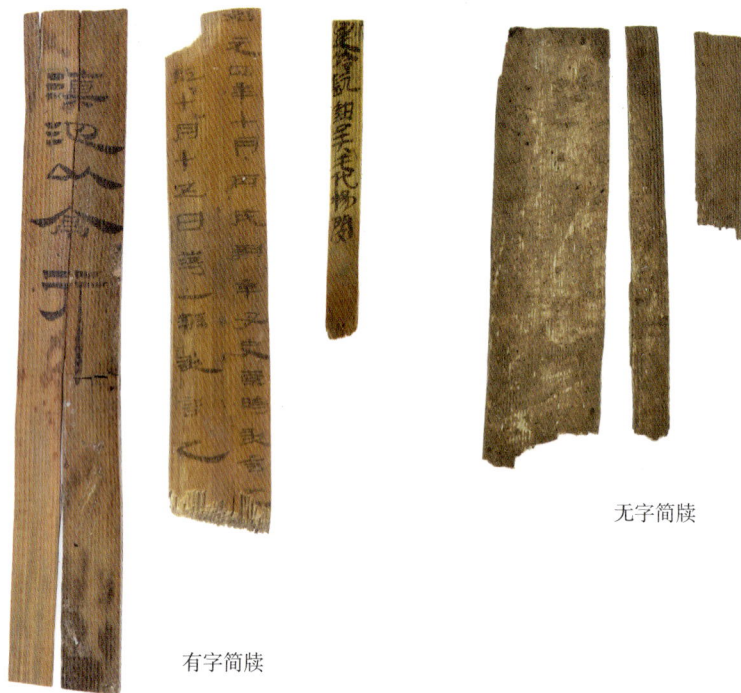

无字简牍

有字简牍

出土的有字简牍和无字简牍

发掘区的 H18 内，东、北两侧延伸至发掘区外，已发掘部分堆积可分为 5 层，每层均有简牍出土，灰坑内还出土了大量陶片、骨骼、木屑等。北部发掘区古河道内的几处堆积中也发现少量木牍残片，堆积尚未完全清理。

目前，部分简牍已进行了释读，由"滇池以亭行""始元四年十月丙戌朔辛丑史李时敢言之……赋十月十五日薄一编敢言之""建伶髡钳吴屯代杨闵""律令……"等内容推测，这批简牍可能是当时的公文文书。

（三）建筑基址及相关建筑遗存

1. 建筑基址

在发掘区的南、北两侧各发现了 1 处疑似建筑基槽。以南侧为例，揭露部分呈长方形，面积约 450 平方米，东西长约 30 米，向南延伸至发掘区外。基槽底部有红烧土烧结面，不似二次堆积，可能是人为烧制，起到加固地基的作用。基槽北面有一层碎螺壳堆积，厚约 3 厘米，螺壳细碎均匀，表面干净平坦，应为人为铺垫形成的一个活动面。活动面与建筑基槽范围较一致，推测可能为建筑的附属设施。此外，在建筑基址的南面有集中分布的瓦砾及砖块，可能是房屋坍塌之后的遗留。从上述发现来看，此处可能为一处建筑基址。

2. 相关建筑遗存

发掘采集的遗物以瓦砾、砖块、瓦当等建筑构件为主，占比在 80% 以上。部分构件尺寸较大，从部分完整者来看，筒瓦和板瓦尺寸较大，长度可达 50 厘米，重达 4 千克。部分瓦当和砖块纹饰考究，非一般建筑构件可比。瓦当当面均为圆形，当面有涂朱现象，纹饰以卷云纹为主，部分当面有文字。花纹砖以菱格纹为主，也有少量文字砖。这些建筑构件的发现表明，发掘区或附近应该存在体量大、等级高的建筑遗存。

板瓦

筒瓦

瓦当

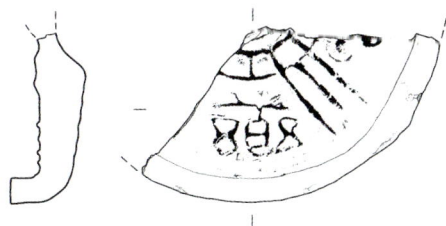

0   3cm

"乐"字瓦当（HD1①：2）

出土的建筑构件

文字及花纹砖

出土的建筑构件

南侧建筑基址基槽剖面

（四）道路

道路发现于北部发掘区的中部，东西走向，路面由绳纹瓦片、碎陶片及小石子铺设而成，局部板结成块，较为坚硬。原路面宽约 12 米，南、北两侧均被晚期沟打破，中间残存主体路面宽 4~5 米。主体部分分层明显，为多次铺垫形成。道路尚未全部发掘，仅揭露出路面，路面出土有铜拴、泡钉、盖弓帽、箭镞等车马器及兵器。

上述发现为遗址性质的确认提供了证据，宽阔的道路、较高规格等级的相关建筑遗存，以及简牍、封泥等重要文书资料的发现，充分说明此处应为一处官署遗址。从代表信件文书往来对象的封泥和出土简牍的内容来看，该地点在两汉时期承担着沟通周边各郡、联络郡内各县的职能，因此很可能就是汉代益州郡郡治。

三、初步认识

两个年度发掘出土的封泥和简牍是西南地区目前出土数量最大的一批汉代文书资料，为研究

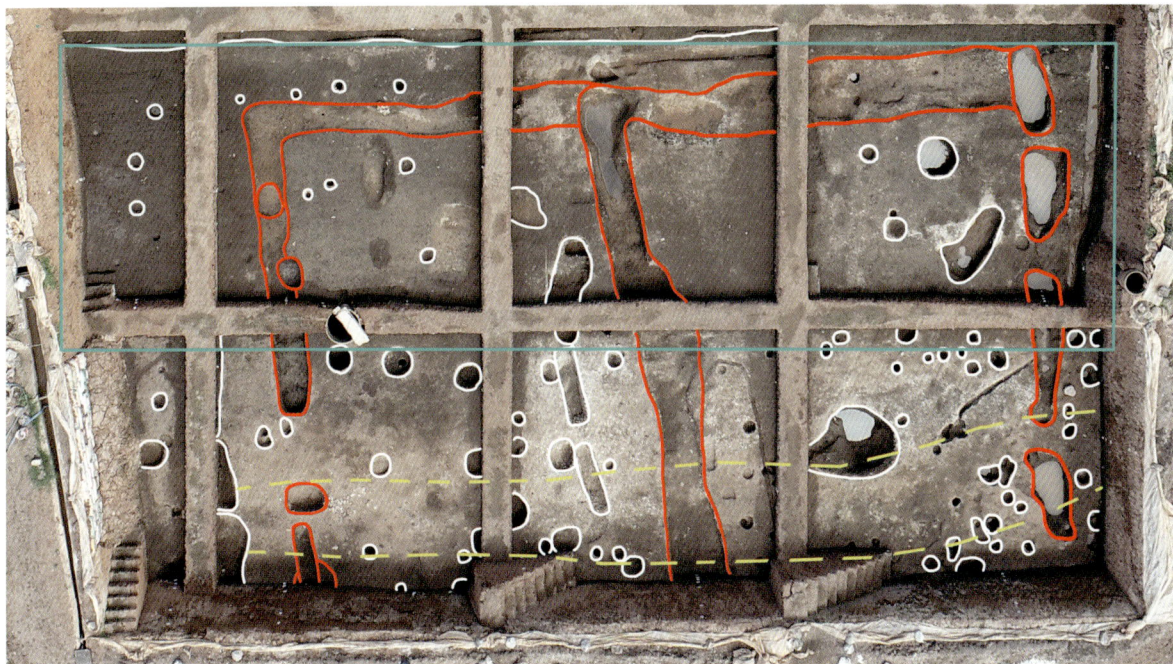

碎螺壳分布区域　　　　疑似建筑基槽　　　　瓦砾砖块分布集中区

南侧建筑基址俯视图（上为北）

石子、碎陶片等铺就的道路路面

汉代西南边疆治理提供了直接的证据。封泥所记录的汉代西南边疆职官体系，简牍所记录的涉及政治、军事、律法、经济等方面的内容等均为首次发现，极大地弥补了汉代史书关于西南边疆历史记载的不足，对考古学、历史学、文献学、军事史等研究具有重要的学术价值，同时证明了从西汉时期开始中央政府便对边疆云南地区实施了有效的治理和管辖。

河泊所遗址多年来系统的考古工作构建了云南滇中地区自商周到秦汉时期完整的考古学文化序列，揭示了边疆云南地区从多元走向一体、最终融入中华统一多民族国家的历史发展进程。

■ 撰稿：蒋志龙、谢霍敏、杨薇

ABSTRACT

The Hebosuo site is located in the village of Hebosuo in Shangsuan Town, Jinning District, Kunming, on the southeastern bank of Dianchi Lake, 700 meters away from the famous cemetery of Shizhaishan. Since 2014, extensive excavations have been carried out on tens of square kilometers of land centered on this region. Archaeological surveys revealed that the alternated terraces and waterways had shaped the ecology around the Hebosuo site. In the past few years, a full chronology of the cultural history of the region from the Shang and Zhou to the Qin and Han Dynasties has been constructed. The discovery of large amounts of lute and bamboo slips in 2021 and 2022 painted a picture of the social changes during major historic events such as Emperor Wu of Han giving an imperial seal to the King of Dian and establishing the Yizhou commandery, which gave further evidence for studying the rule of Yunnan region by the Han government.

河南省开封市州桥及附近汴河遗址

发掘单位：河南省文物考古研究院、开封市文物考古研究所

一、工作缘起

北宋东京城遗址位于河南省开封市市区范围内，由皇城、内城和外城组成，总占地面积约 53 平方千米。皇城周长 2.521 千米，内城周长 11.55 千米，外城周长约 29.12 千米。由于历史上黄河泛滥，整个城址已被全部淤埋于地下深达几米至十几米处，目前只有铁塔和繁塔还耸立在地表以上。

2014 年中国大运河成功获准列入《世界遗产名录》，开封作为北宋的都城、运河汴河段的中心城市，对大运河文化研究有着不可替代的独特作用，只因众多的相关遗产点均深埋于地下，遗憾地与世界文化遗产擦肩而过，但北宋东京城遗址被纳入中国大运河的后续列入项目。河南省及开封市文物部门积极开展运河文化遗产资源的调查、发掘工作，发掘北宋东京城内的大运河文化特色遗产并努力使之早日有效地向公众展示。

州桥遗址位于今河南省开封市中山路与自由路十字路口南约 50 米，是北宋东京城御街与大运河汴河段交汇处的标志性建筑。始建于唐代建中年间（780~783 年），后经五代、宋、金、元、明，至明末崇祯十五年（1642 年）被黄河泛滥后的泥沙淤埋。

对其发掘旨在通过对州桥及附近汴河遗址进行分阶段的、持续不断的考古工作和多学科综合研究，为遗址的保护、展示和利用提供考古学及多学科研究支撑，为大运河文化带增添新的可展示的重要遗产点，为全面实施开封宋都古城保护与修缮工程，建设宋都古城中轴线文化带，持续深入开展北宋东京城大遗址保护与研究提供重要的实物材料。

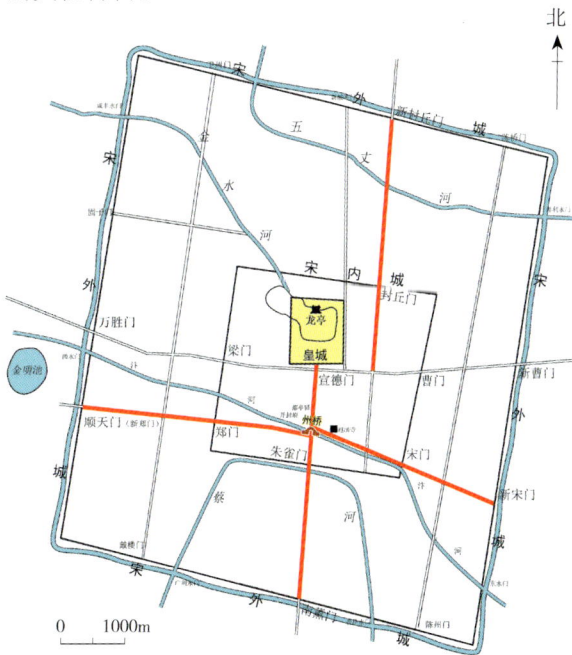

州桥位置示意图

明代晚期汴河河道堆积（东—西）

二、发掘概况

2018 年至 2022 年共完成考古发掘面积 4400 平方米，发现不同时期各类遗迹 117 处，包括河道、水工设施、桥梁、道路、神庙、房址、沉船、水井、仓储窖穴、灶台、灰坑等。共出土各类文物标本 60000 余件，质地包括陶、瓷、石、玉、木、骨、金、银、铜、铁、蚌、琉璃等，其中瓷器标本 56000 余件，陶器标本 1800 余件，铜钱 1000 余枚，骨器 200 余件，铜器 100 余件，玉器 50 余件，石器 50 余件，铁器 30 余件。除此之外，还发现有大量兽骨和人骨。

三、发掘收获及认识

在东、西两个区域布设探方，东侧探方为汴河河道区域，西侧为州桥本体区域。

1. 汴河河道

东侧探方（汴河河道）发掘面积为 1400 平方米，平均发掘深度约为 11 米，局部深度已达 13.5 米。已经揭露南、北两岸唐宋时期的河堤，同时清理出唐宋至明清时期的汴河河道遗存。

该区域唐宋时期汴河宽度为 25 ~ 28 米，河堤距地表深度为 9.5 ~ 10 米，河底最深处距地表深度为 14.5 米。金代河道逐渐淤埋、变窄，河道宽度为 22 ~ 24 米，河堤距地表深度为 9.2 ~ 9.5 米，金末汴河遭受洪水淹没。还发现元代"木岸狭河"工程，元代河道继续变窄，河道宽度为 13 ~ 15 米，河堤距地表深度为 7.4 ~ 8 米。明代之后汴河河道开始逐渐被侵占，河道之上修建有房屋。明初期河道宽度为 25 ~ 28 米，河堤距地表深度为 6 ~ 7 米；明末河道顶部宽度变为 6 ~ 8 米，河道底部宽度为 2 ~ 4 米，河堤距地表深度为 4.5 ~ 5.5 米，逐渐变为城内的排水沟。清代汴河经过了简单的疏浚，河道宽度为

汴河故道明代晚期建筑堆积（北—南）

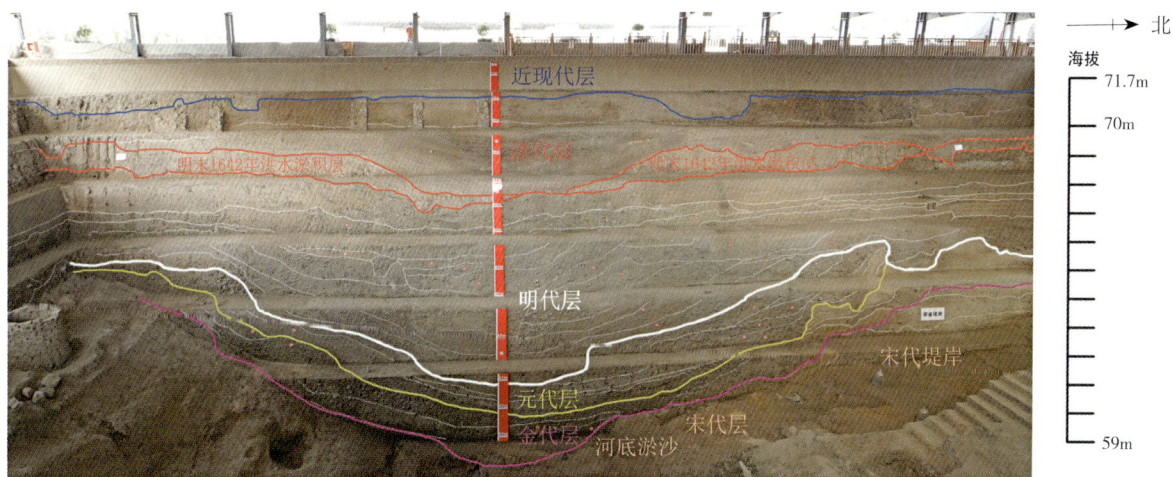

汴河西壁剖面

13 ～ 14 米，河堤距地表深度为 3 ～ 3.5 米，河底距地表深度为 4.5 ～ 5.3 米。

2. 州桥本体区域

西侧州桥本体区域探方完成发掘面积约 3000平方米。经过考古发掘，清理出部分明末洪水遗迹，有倒塌的房屋、砖瓦堆积和人骨遗骸等，揭示了桥面淤没于 1642 年洪水的史实。洪水上层淤积中清理出清代道路（8 层道路）及建筑遗迹数处。清理出明代晚期的金龙四大王庙，庙址结构布局清晰，在其下部有一座青砖单拱桥券。桥

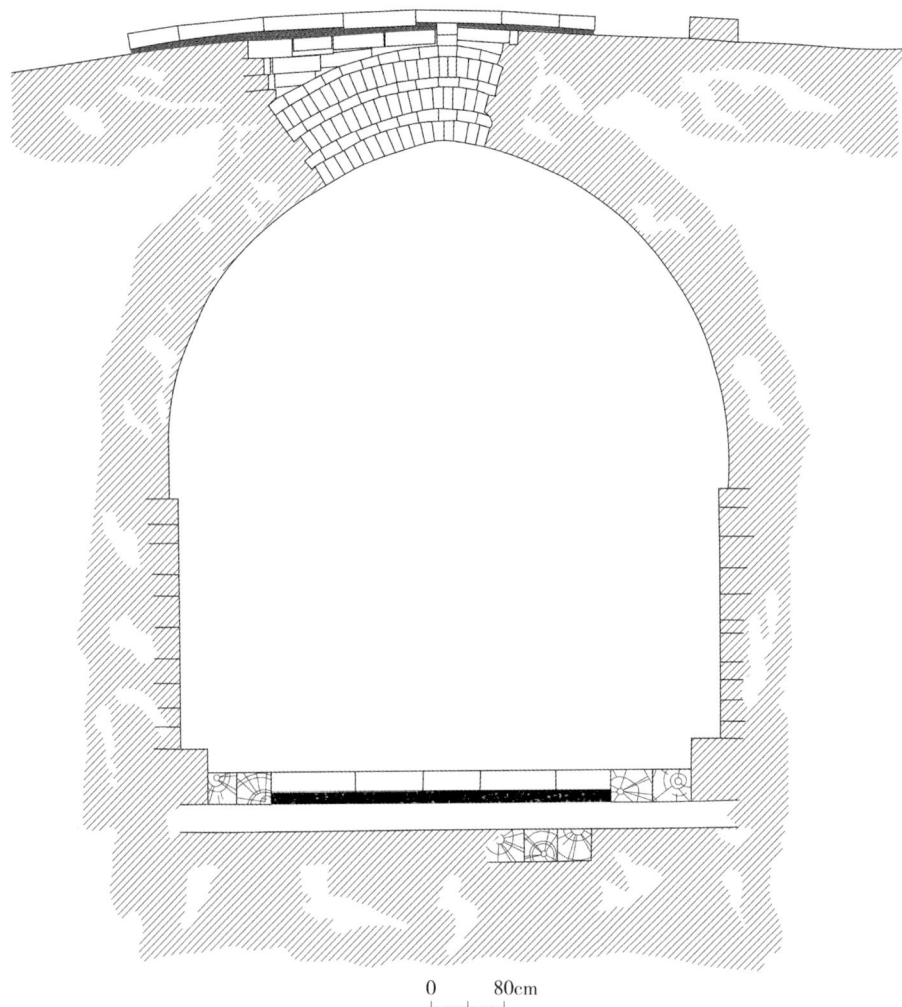

明代州桥桥孔剖面图

券在州桥东侧河道中间,与州桥涵洞相通,东西长度为 8.7 米、南北跨度为 9.4 米。其时代不早于明万历年间,用石磨、石碌在河道淤泥上做基础,结构简单,但其既有桥梁的作用,亦是金龙四大王庙殿址的基础。

目前发现的州桥是一座砖石结构单孔拱桥,时代为明代。桥面南北跨度为 25.4 米,东西宽约 30 米,南、北桥台东西两侧各展出雁翅,加上两侧雁翅,东西总宽约 50 米。州桥桥面中间略高,向南北两侧呈坡状缓降,与两侧路面高差约 0.5 ~ 0.6 米。桥台东侧雁翅上残留有栏杆地栿石,雁翅金刚墙上部青砖错缝平砌,下部用石条平砌。桥券用青砖券成,厚六层,三券三伏,券脸用斧刃石砌筑。桥孔两侧金刚墙用青石条东西向顺砌,高 2.88 米,矢高 3.7 米,总高 6.58 米,桥孔宽 5.8 米。从桥孔侧面平视,桥孔的横截面为类似城门洞的形状。

根据考古发掘结果并参考文献资料推测:宋代州桥为柱梁平桥,桥下密排石柱,现已不存;现存州桥为明代早期修建,是在宋代州桥桥基基础上建造的单孔砖券石板(拱)桥。

3. 宋代石壁

在州桥东侧的汴河河道南、北两岸发现有宋代巨幅石雕祥瑞壁画遗存,其上雕刻有海马、瑞

州桥遗址全景

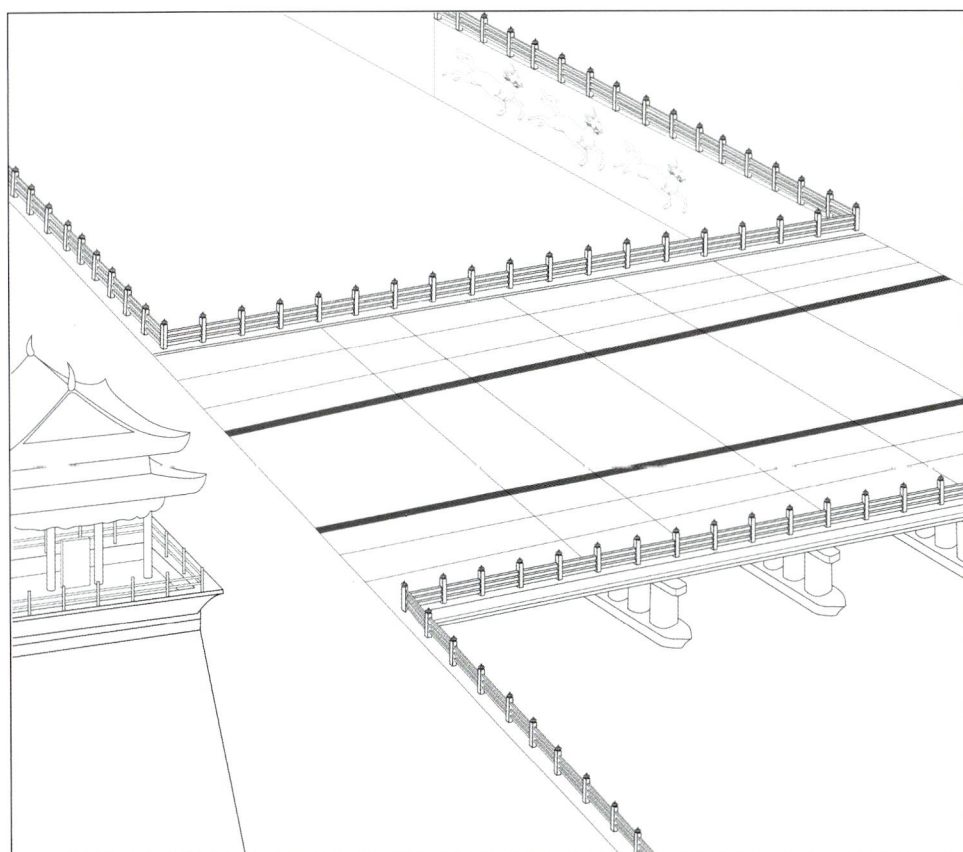

宋代州桥想象复原图

0   2m

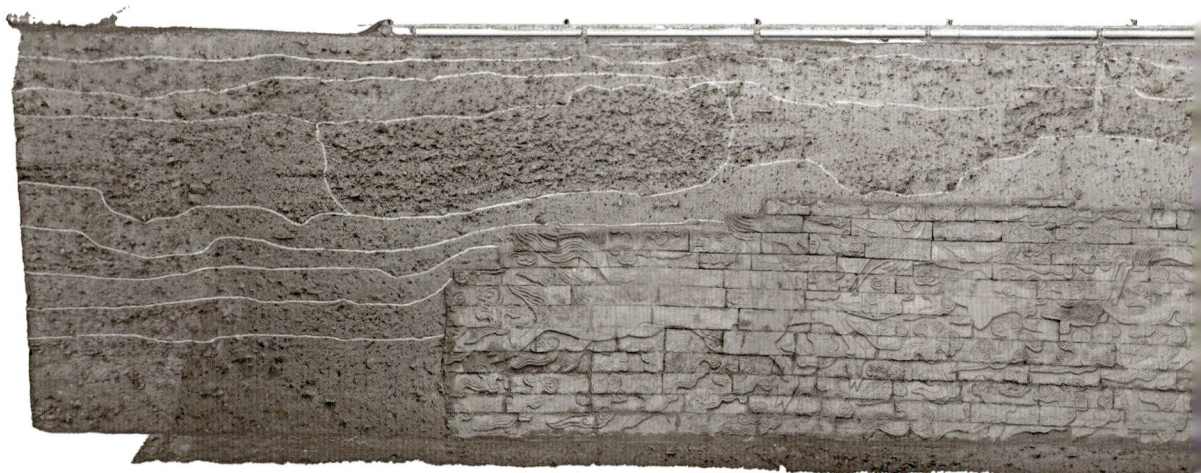

0   2m

州桥东侧汴河北岸石壁（正射影像）

州桥东侧汴河南岸石壁（正射影像）

州桥东侧汴河北岸石壁壁画效果图

州桥东侧汴河南岸石壁上的文字"洪廿八"

兽、祥云等。目前揭露的北侧石壁顶部距地表深度约6.8米，石壁通高5.3米，雕刻纹饰的石块有16层，通高3.3米，揭露长度约为21.2米；南侧石壁顶部距地表深度约6.7米，石壁通高5.4米，雕刻纹饰的石块有17层，通高3.4米，揭露长度约为23.2米。

石壁中一匹海马、两只仙鹤构成一组图案，每组图案的长度约为7.5米，每幅石雕壁画推测共有4组图案（已完整揭露3组，另有1组被明代州桥雁翅遮挡），推测每幅石雕壁画总长度约为30米。

关于石壁的建筑方法，从目前发掘情况得知，最底部至少为2层方木，上窄下宽铺垫，方木以上先用6层高2米左右的素面青石条错缝垒砌（最底一层青石条丁砌，以上五层均为平砌）。再上为16层雕刻有纹饰的青石条平放错缝垒砌，青石条规格不一，分别为87厘米×20厘米、84厘米×30厘米、90厘米×16厘米不等。经检测，条石之间的黏合剂是以黏土为主，用白灰勾缝。最上层为明代青砖错缝补砌。

石壁自下向上第七层为雕刻层，每块青石上均有编号。北侧石雕壁画编号自西向东为"坐十二、坐二十""上十五、上二十二"，由下向上为"上十七、士十八""由十八、山十六"。经甄别发现，首字为自下而上编号，取自中国传统习字蒙书教材《上大人》"上士由山水，中人坐竹林，王生自有性，平子本留心"。自西而东编号采用汉字数字编号。

南侧石雕壁画编号自西向东为"宙十八、宙十九""荒二十三、荒二十四"，由下向上为"天二十八，地三十一""元二十二、黄二十二"等。自下而上编号首字取自《千字文》"天地元黄，宇宙洪荒，日月盈昃，辰宿列张"。自西而东编

北宋陶船灯

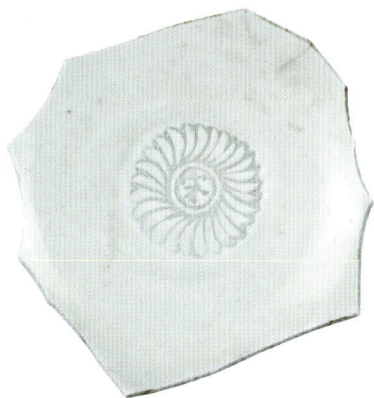

北宋景德镇窑花卉纹青白瓷碟

北宋景德镇窑青白瓷熏炉

金代钧釉碗

元代白地黑花瓷枕

明代景德镇窑青花水草浮蟹瓷杯

明晚期景德镇窑青花花卉纹瓷罐

号与北壁同。

四、价值与意义

开封州桥及汴河遗址的考古发现具有重大的学术价值及较强的社会影响力，主要表现在以下四个方面。

1. 都城史

北宋东京城是当时世界上政治、经济、文化等发展水平最高、人口规模最大的都城，是中国古代都城史上具有转折意义的都城。三城相套、皇城居中、中轴对称的布局对元明清时期的北京城具有重要的影响。其中轴线上的州桥是最具代表意义的标志性建筑之一，印证了开封城市中轴线千年未变的历史奇观，是古今重叠型城市遗产的标志。对于研究北宋东京城的城市布局结构具有重大的意义，为探讨北宋时期国家政治、经济、文化、礼仪制度提供了重要材料。

2. 艺术史

州桥石壁是目前国内发现的北宋时期体量最大的石刻壁画，规模、题材、风格等方面均代表了北宋时期石作制度的最高规格和雕刻技术的最高水平，填补了北宋艺术史的空白，见证了北宋时期国家文化艺术的发展高度。

3. 桥梁建筑史

州桥是北宋东京城中汴河与御街交汇处的标志性建筑，是运河遗产中的典型代表，规模宏大、建筑精美，其考古发掘为我国古代桥梁建筑史的研究提供了新的重要资料。

4. 运河史

本次考古发掘首次完整揭露出了唐宋至清代汴河开封段的修筑、使用、兴废等发展演变过程，填补了中国大运河东京城段遗产的空白，为研究中国大运河及其发展变迁史提供了考古实证。

■ 撰稿：周润山

ABSTRACT

From October 2018 to December 2022, the Henan Provincial Institute of Cultural Heritage and Archaeology and Kaifeng Municipal Institute of Cultural Heritage and Archaeology conducted continuous excavations of the Zhouqiao Bridge and nearby Bianhe River site in Kaifeng. In total, 117 different types of remains, including the ancient Bianhe river course, river bank, bridge, and Song period stone wall, were revealed in an excavation area of 4,400 square meters. These remains are of significant importance to investigate the change of the Bianhe River from the Tang to the Qing Dynasty, the construction of the Dongjing imperial city in the Northern Song Dynasty, and the study of bridge-building techniques in ancient China. The unearthed Northern Song stone carvings attest to the prosperity of culture and art of that era.

浙江省温州市
朔门古港遗址

发掘单位：浙江省文物考古研究所、温州市文物考古研究所

一、遗址概况

温州朔门古港遗址位于浙江省温州市鹿城区望江东路东段，温州古城朔门外，南依古城，北临瓯江，东靠海坛山，隔江与江心屿双塔遥相呼应。2021年10月以来，为配合望江路下穿工程项目建设，浙江省文物考古研究所与温州市文物考古研究所联合组队入场发掘，并拟定初步目标：（1）了解温州城北奉恩水门外，

温州朔门古港遗址（东—西）

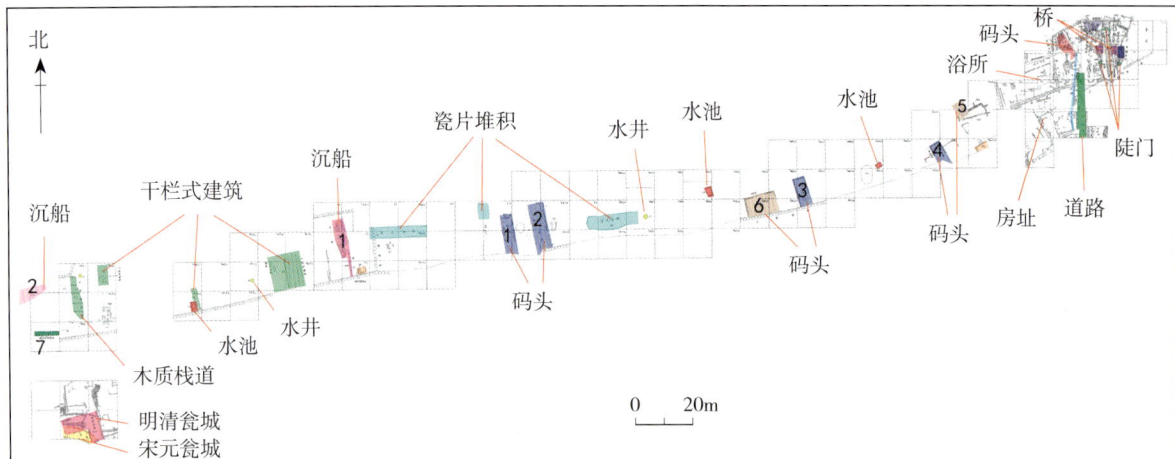

朔门古港遗址总平面图

水道两岸的建筑与江岸变迁的情况（简称水门头区）；（2）了解温州城北陆城门——朔门瓷城的情况（简称瓷城区）；（3）了解水城门与陆城门之间建筑与江岸变迁的情况，重点探索是否存在与古代港口相关的遗迹（简称临江港口区）。发掘过程中，所有探方与遗迹进行高精度数据测绘，并全部完成三维建模；依据贯穿绝大部分发掘区的疑似洪水淤积层，尽可能所有地层统一编号，全面采集地层出土文物，并进行系统取样测年，保证年代数据的可信度；同时积极与高校科研院所开展多学科交叉研究合作，拓展地下材料信息的深度与广度；依托国家文物局考古研究中心，利用沉船保护和研究的机遇，尝试建立温州市海洋考古的工作体系。

二、主要发现

持续一年多的发掘，已揭露古城水、陆城门相关建筑遗迹和8座码头、2艘沉船、1条木质栈道、多组干栏式建筑等重要遗存，出土约十吨的瓷器残片，以及其他各类遗物残件。主要遗存年代从北宋延续至民国时期，尤以宋元遗存为主。

遗址发掘区主要由东端水门头区、中部临江港口区及西端南侧瓷城区三部分组成。

水门头区块位于海坛山西北麓，地势较高，该区块由奉恩水城门以外、水门河沿岸两侧的各类遗迹群组成，具体包括陡门河驳岸、陡门、桥梁、堤岸、斜坡式码头、宋元房址等。宋至明代，水门河道较宽，陡门宽约5.7米，清代以来河道不断缩窄，民国时期建新陡门，宽度仅为3.05米。水门河西侧有始建年代早于北宋、连接北墙外朔门街与海坛山北麓港区的夯土长堤，其临水门河一侧构筑木桩夹板护岸，临江的西面驳岸则以块石砌筑，堤顶铺砖路，揭露部分的堤长逾32、宽约6米。堤前端伸出的北宋斜坡式码头（MT8），依托海坛山脚基岩而建，块石砌筑，揭露部分宽3.5、长13米。南宋以来，水门河西侧大部分地区淤积成陆，地表出现较为密集的建筑群，其中一处建筑基址疑似元代浴所，以更衣室与沐浴室成组搭配，连接成片，建筑面积达100多平方米，有专家推测可能与阿拉伯商人生活习惯相关。

临江港口区呈东西向条带状分布，沉船、码头等遗迹多见于此。两宋时期的突堤式码头，呈多级月台状，石边土心结构。为适应滩涂环境，

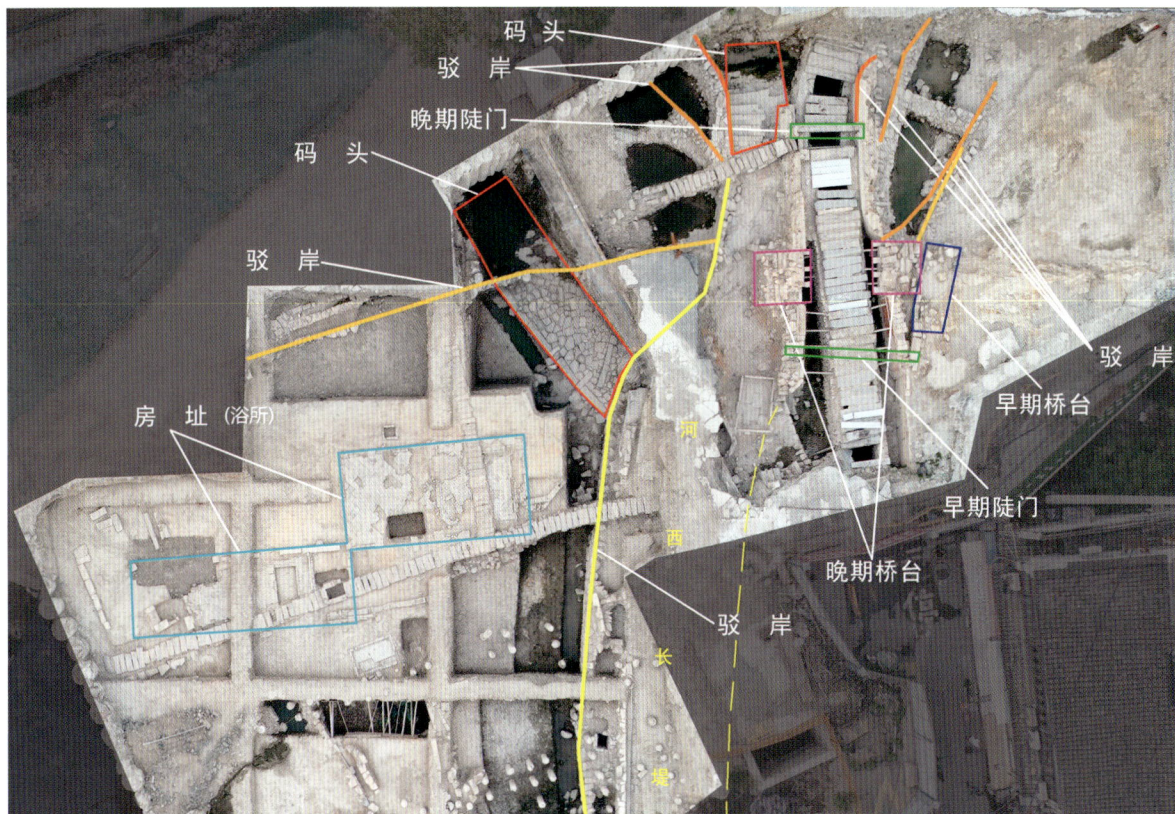

码头
驳岸
晚期陡门
码头
驳岸
房址（浴所）
河西长堤
驳岸
驳岸
早期桥台
早期陡门
晚期桥台

水门头区块遗迹分布图

MT8

北宋斜坡式码头（西—东）

边墙底部用木桩打底、横木铺垫，外加木桩围护，路面铺鹅卵石及碎石。其中3号码头前端台地当中铺平整方砖，下垫衬木板，长13.8、宽4.3米。北宋与南宋早期的码头较宽，如6、7号码头，6号码头宽10.3米，南宋晚期码头皆变得较窄，如3号码头。发现的2艘宋代沉船均为福船。其中1号沉船残存7段船舱，壳板作鱼鳞状搭接，并楔有铁钉，推测全长约20米，残长12.4、残宽4.1米。舱内出"大观通宝"铜钱1枚。2号沉船仍在发掘。栈道遗迹位于瓮城北面，做工规整，残存7组桩基，长16.2、宽2.6米。据相关史料记载，栈道附近即馆驿所在。栈道以东，分布多组干栏式建筑遗迹，其中F9规模较大，发现木骨泥墙5道，每道墙有中柱和边柱，柱桩埋深约3米，桩柱间以竹片、藤条编织墙骨，进深12、宽约6米。

瓮城区块发现早、晚两期瓮城基址及砖、石道路等遗迹。早期瓮城城墙平面呈圆弧形，石壁土心，基址厚4米，年代约为宋元时期；晚期改为方形，内、外壁以条石垒砌，墙体增厚，基址厚5.3米，年代为明清时期。瓮城东门外发现有叠压打破关系的三期道路遗迹：早期为瓮城外的环形土路；中期为宽近4米的宋代青砖直路，后增建环形砖路；晚期为明清及近代条石直路。城址外围地下还发现多条石砌排水沟。

3号码头前部侧视（西—东）

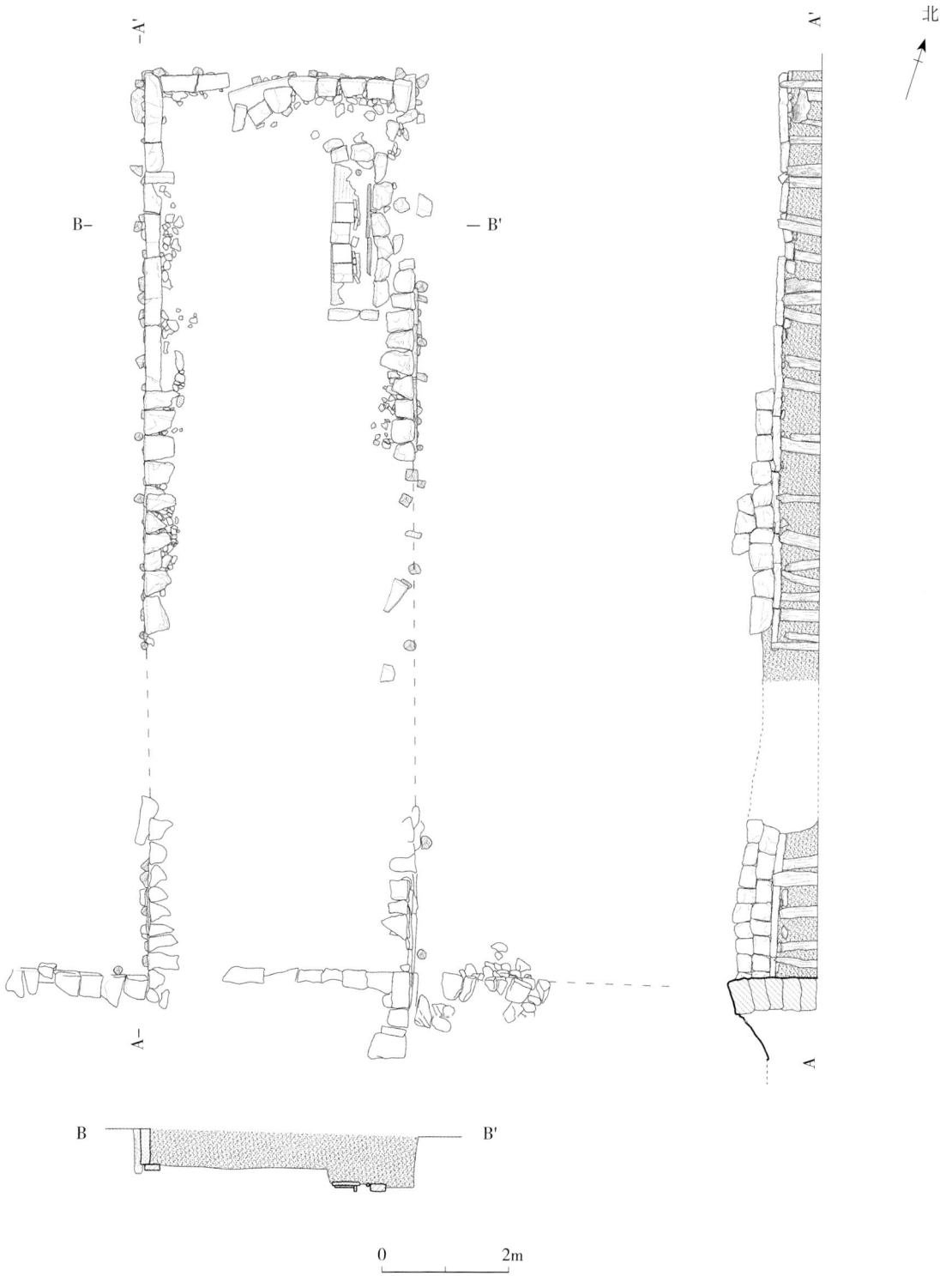

北

3 号码头遗迹平面图（局部）

1 号沉船

栈道遗迹（北—南）

干栏式房屋 F9

朔门瓮城基址

元代瓷片堆积

遗址中出土遗物众多，其中以临江港口区填埋于江边的瓷片堆积最为显著。瓷片堆积多呈条带状集中分布，瓷片年代多为南宋与元代，九成以上为龙泉瓷，且绝大多数无使用痕迹，应为贸易瓷在储存、转运过程中的损耗品。其他窑系有建窑系黑釉瓷、青白瓷及褐彩绘青瓷等。地层中也出土有大量瓷片。部分瓷器外底有墨书，如姓氏、姓氏＋"直"、"直"、"纲"等，皆透露出浓厚的商贸信息。

遗址中还出土漆木器、琉璃器、贝壳、植物标本等丰富遗物。

三、初步认识

1. 遗址海相沉积层的发现及其对朔门古港的影响。

遗址第⑥、⑦层皆为自然沉积层，其中第⑥层厚达 3.5 米，包含海相沉积层，地层样品中含有孔虫化石及较多的硅藻，年代约当北宋晚期。类似海相沉积层在温州洞头岛、台州玉环岛皆有发现。据相关学者研究，从北宋初年到南宋中期，东海海平面上涨幅度达 1.5 ～ 2 米，其海平面比现在高 1 米左右。本遗址中北宋码头位置较低，之后呈逐步抬升之势。关于此次海侵事件及其影响的研究正在推进中。

2. 遗址地层和遗迹资料勾勒了宋元时期朔门古港遗址逐步拓展的历程。

综合地层与遗迹分析，北宋时，临江港口区仍是一片水域，此时期海岸线靠近城墙。北宋名臣赵抃在《自温将还衢郡题谢公楼》诗中有"城脚千家具舟楫"句，可为佐证；南宋时港区开始扩建，海岸线北移，码头伸入临江港口区；至元代，随着龙泉窑瓷器大规模外销，温州港进入鼎盛期，港区大幅扩张，临江港口区被人为填埋为陆地，从而奠定今之格局。

3. 出土标本显示宋元时期龙泉窑瓷器外销可能存在两段繁盛期。

遗址出土的龙泉窑瓷片年代以北宋晚至南宋初、元代晚期两个时段最为集中，大致对应龙泉窑瓷器外销的两段繁盛期。但无确切证据表明，两期中间存在间隙期。因为在 1、2 号码头附近区域的元代地层中，散布有南宋中晚期的高质量粉青釉瓷片，表明此期间销量仍然可观。

四、价值分析

1. 系列遗迹重现了宋元温州港的一片繁华景象，是我国城市考古、港口考古的重大收获。

温州古城选址于江海交汇的瓯江下游南岸、不易淤积的优良港湾中，两侧有海坛山、郭公山拱卫，可抵御江、潮冲刷和台风侵害。据弘治《温州府志》，相传郭璞卜城时见瓯江南岸九山错列如北斗，因跨海坛、郭公、松台、积谷、华盖山为城，号称"斗城"，并凿二十八井以象列宿。可见，温州古城选址充分考虑了城防、港口、用水等因素，堪称天作之选。

宋杨蟠曾赞叹温州"一片繁华海上头"。朔门古港遗址的发掘，生动呈现了温州古港的宏阔场景，重现了宋元时期温州古港的一片繁华景象。同时，突显了温州古城港、城一体的规划特色，也使本次发掘兼具城市考古和港口考古的双重意义。

2. 朔门古港遗址为温州作为龙泉瓷外销的起点港和海上丝绸之路重要节点城市提供了关键实证。

据研究，元代晚期至明初，在印度洋地区发现的中国瓷器中，龙泉瓷占比在 80% 以上；在同期的东南亚和东亚地区，龙泉瓷占比约为 50% ～ 60%。因此，龙泉瓷被称为大航海时代之前我国推出的第一种全球化商品。温州凭借江海

北宋晚期龙泉窑青釉篦划莲花折扇纹瓷碗

北宋龙泉窑青釉线刻菱格纹如意足瓷熏炉

南宋建窑黑釉金丝兔毫纹瓷盏

元代龙泉窑青釉八思巴文铭文瓷碗

北宋晚期湖田窑青白釉瓷台盏

南宋青釉褐彩鱼纹瓷洗

"庚戌温州屠七叔上牢"铭漆碗底

中转节点位置而成为龙泉瓷外销的主要集散地。本次发掘揭露的码头遗迹群以及海量瓷片堆积，印证了温州港在海上丝绸之路及龙泉瓷贸易中的枢纽港地位。

3. 朔门古港遗址是海上丝绸之路港口城市的经典样本和海上丝绸之路申遗的支撑性遗产点。

港口是海上丝绸之路的核心节点。朔门古港与世界 106 座历史文物灯塔之一的江心屿双塔隔江呼应；北宋元祐五年（1090 年）诏"岁造船以六百只为额"（《宋会要辑稿·食货五〇》）的温州造船场紧邻古港西边郭公山西麓；东首海坦山顶坪原建有海神庙（始建于唐代，由官方祭祀）、杨府庙（内供奉海船模型），山麓有平水王庙。朔门古港各大要素兼具，遗迹全、规模大、体系完整、内涵丰富，是集城市、港口、航道航标三位一体的完整体系，堪称国内仅有、世界罕见。

对于当前海上丝绸之路申遗工程而言，朔门古港遗址填补了遗产体系的关键缺环，堪称人类航海文明史上具有突出价值的港口类遗产。

4. 温州朔门古港遗址承载着独特的海洋文化信息，进一步丰富了中国古代海洋文明内涵。

三面环山、一面向海的特殊地理环境赋予温州鲜明的海洋文化特质。温州经济结构以渔、盐等海洋产业及工商业为主，史称"海育多于地产，商舶贸迁"；温州又是"百工之乡"，宋代温州漆器"天下第一"，是当时著名的纺织品和漆器生产中心，产品畅销海内外；特别是南宋以叶适为代表、与朱熹"理学"和陆九渊"心学"鼎足而立的永嘉学派，突破传统农耕文明重本抑末思想的桎梏，主张"义利并举"，通商惠工，堪称中国古代海洋文明在思想领域的一大突破，影响深远。

■ 撰稿：梁岩华、罗汝鹏

ABSTRACT

The Shuomen ancient port site lies between the south shore of Oujiang River and the ancient city wall of Wenzhou. The site consists of buildings related to the land and water gates, the assemblages of ports in groups dating to the Song Dynasty, as well as two sunken boats and more than ten tons of porcelain pieces of Song and Yuan Dynasties. The archaeological deposits range from the Northern Song Dynasty to the Republic of China era, but the relics of Song and Yuan are the most prominent. The Shuomen site provides a comprehensive cultural system combining the ancient port with the historic city and historic navigation towers. It is a significant archaeological find in ancient city and maritime archaeology research in recent times, and bears witness to the maritime civilization of ancient China, while supplying a pivotal example for the application of World Heritage site for the Maritime Silk Road.

考古中国

重大项目成果（2022）

ARCHAEOLOGY CHINA ACHIEVEMENTS OF MAJOR PROJECTS